母と娘の「しんどい関係」を変える本

石原加受子

PHP文庫

○本表紙図柄＝ロゼッタ・ストーン（大英博物館蔵）
○本表紙デザイン＋紋章＝上田晃郷

はじめに

人間関係のイライラ、クヨクヨには意外な「原因」があった！

最近は、心理相談の専門機関を訪れることに抵抗が少なくなり、私のカウンセリングルームにも、幅広い年齢層の方々が来られるようになりました。

相談内容は、対人関係の困難さを訴えるものが多く、たとえば職場や友人関係であれば、こんな悩みです。

「仕事中に関係ないことを考えて、いつもミスや失敗をしてしまいます。上司や先輩に注意されてばかりです。『失敗しないようにしよう、叱られないようにしよう』と思うほど、ミスや失敗が増えます。最近、仕事をするのが怖くなってきました」

「トラブルが起こると、クヨクヨと悩んでしまいます。職場の同僚に馬鹿にされても、友だちにひどいことを言われても、そのときは平静を装っていますが、後で悔しくなってきます。すぐに反論できればいいのにといつも思うけれど、いざとなるとできません。後で思い出しては腹が立つ、ということを繰り返しています」

「職場に、ずるく立ち回っている同僚がいます。やり方がうまくて誰も気づきません。そして、自分の仕事を他人に押しつけていることを、自慢げに私に言います。なぜかみんなに慕われていて、職場の人たちにも腹が立ちます。真面目に仕事をしている者ばかりが損する世の中なんだ。そう思うと、怒りがふつふつと湧いてきます」

ミスしてしまった自分を責めてみたり、嫌なことを言う他人に憤《いきどお》ってみたり……。平気な顔をしているようですが、こうしたことを四六時中考えているので、みんな心が疲れてヘトヘトになっているようです。

ただ、**「私が悪い。私はダメな人間」と自分をいくら責めてみたところで、その悩みが解消することはありません。**反対に「相手が悪い」と心の中で責めつづけても、相手がよい人になってくれることもありません。逆に、そうやって他者の存在に囚《とら》われていくことで、自分がどんどん苦しくなっていきます。

その苦しみを、「自分」ではなく「他者」の問題として捉《とら》えている限り、相談者がそこから解放されることはないのです。

カウンセリングでは、表面的な人間関係にとどまらず、その方の根本的な考え方や生い立ちなども丁寧に聞いていきます。すると回を重ねていくうちに、そうした対人関係の苦しみが、実は自分の家庭環境や親子問題に起因していることに気づく人も、少なからずいます。

自分の親子関係が、仕事や友人に関する悩みに影響しているとは思えないかもしれません。けれども実は、**自分が育ってきた家庭環境で〝習得したもの〟が、**

よくも悪くも、人間関係に大きな影響を及ぼしているのです。

しかも、本人が抱える困難が大きければ大きいほど、もとをたどっていけば家庭環境や親子関係に行き着きます。長年かけて、親と子どもが共同で、知らないうちに人間関係の苦しみを育てているのです。

心の問題は、当人ではなく、まずその親が相談にやってくることも少なくありません。そうした親の多くは、自分たちに問題があるとは考えず、「子どもに問題がある」と主張します。たとえ明らかに親のほうに問題があると言える場合でも、絶対にそれを認めようとしない親もいます。

けれども、そんな親を責めることはできません。なぜなら、**子どもたちと同じように、親自身も自分の「過去の傷」が癒《いや》されていないから**です。

親も子どもも、傷ついてきた自分の過去を癒せずに苦しんでいます。その傷を抱えたまま、知らないうちにお互いのエネルギーを奪い合っています。

そうして、家庭で長い時間をかけてでき上がった自分たち親子のあり方が、そのますべての対人関係に、さまざまな影響を及ぼしてしまうのです。

とりわけ昨今は、母と娘との間で問題が深刻化しています。

娘に依存する母親、そして母親の「愛情」という束縛を振り切れず、我慢に我慢を重ねる娘……。単なる母と娘の関係のこじれというケースもあれば、娘の側が摂食障害やうつなどの深刻な症状を引き起こすケースもあります。

本書では、そうした母と娘の問題を根本から解き明かし、母と娘が新たな関係を築くための方法をご提案したいと思います。

石原加受子

本文イラスト：森下えみこ

母と娘の「しんどい関係」を変える本

目次

第4章●親子がわかり合えない本当の理由

第5章●「親から心理的に離れる」レッスン

第6章●「自分を責める毎日」から卒業するレッスン

第7章●母と娘が「自分の人生」を生きるために

序章

なぜ、母と娘は「しんどい関係」になるの？

01 「いい娘」にならなくちゃ、と頑張っていませんか?

◎「無理しなくていいのよ」「失敗したら大変よ」

私のもとに相談に来た、ある女性の母親は、ひとり暮らしで会社勤めをしている娘のもとを頻繁に訪れていたそうです。そして顔を合わせるたびに、

「大変でしょう、そんなに頑張らなくてもいいのよ」

「あんまり無理すると、健康によくないわよ」

などと言いつづけました。

普段からハードな仕事で疲労困憊《こんぱい》していたため、そうなのかもしれないと、彼女は母親のアドバイスに従って仕事を辞めて実家に戻りました。

表面的には、娘思いの「いい母親」です。娘自身も母親に感謝しています。

けれどもその一方で、ことあるごとに**「心配、心配」と言っては自分のしたいことにブレーキをかける母親**に苛立《いら》ちを覚え、娘は反発したくなっています。

「どうして仕事を辞めてしまったんだろう」

仕事に戻りたくても、いまとなっては戻れません。

いつの間にか、やり場のないストレスが膨《ふく》れ上がって途方に暮れています。

また、別の女性の母親は、

「私はやりたいことができなかったから、あなたには自由な道を選んでほしい」

と言うのが、昔からの口ぐせでした。

けれども娘がその言葉通り、自分で決心して行動しようとするたびに、

「でも、それって難しいんじゃないの」

「失敗したら、あなたが傷つくんじゃないの」

「それよりは、こっちのほうがいいんじゃないの」

などと口を挟んできては、結局、反対するのです。

母親の言い分には筋が通っていて、もっともなように聞こえます。けれども、なぜかしっくりこないのです。自分のやりたいようにやらせてほしいと思う気持ちが、どうしても消えません。

◎自分を大切に扱えない「他者中心」の生き方

彼女たちがもし、母親の反対を押し切って自分の思いを通そうとしたら——。

きっと、失敗することが少なくないでしょう。

彼女たちが勇気を持って押し通したその主張は、母親たちによって、いつのまにか失敗する方向に導かれてしまうことがあまりに多いのです。

もちろん、母親たちは娘を気遣ってアドバイスしています。けれどもその心の底には、いつまでも娘を自分のもとに置いておきたいという気持ちがあります。

それで、娘が自分のもとから羽ばたいていくのを防ぐため、無意識のうちに、その自主性を奪う行動に出てしまうのです。

先ほどの事例であれば、母親たちは娘の失敗を見て、こう言うことでしょう。

「ほら、ごらん。お母さんの言うことを聞かないからそうなるのよ。最初から、私の言う通りにやっていれば、こんなことにはならなかったのよ」

母親にそう言われると、娘は、気持ちの中ではしっくりこなくても、

「やっぱり、そうなんだ。お母さんの言うことに従っていたほうが、安全なんだ」

と思うかもしれません。

母親思いの「いい娘」になろうと、頑張ってしまう人たちがいます。母親を失望させたくない、自分は世話になったのだからと考えて、自分を殺して母親の意見に従います。そして我慢に我慢を重ねてパンパンに膨らんだ心が破裂して、結局、母娘の関係がこじれてしまいます。

けれども、どうしてそんな状態になってしまったのかがわかりません。実は、

母娘ともに、自分たちの無意識の言動に気づいていないのです。

このように、**自分の本当の気持ちに気づかず、他者の意見を基準に判断や決定をしたり、他者の言うことに無条件に従ってしまうような生き方**を、私は「他者中心」と呼んでいます。

02 いちばん大切なのは「自分」です！

◎自分も他者も大切にできる「自分中心」の生き方

前項のような「他者中心」の生き方とは反対に、自分の気持ちや感情を基準にして、自分を大事にする生き方を「自分中心」と呼んでいます。

その特徴は、自分を核として物事を捉えることです。

「自分を守るためにどうするか、自分を傷つけないためにどうするか、自分を愛するためにどうするか」と考える生き方なのです。

たとえば、もし母親が前記のように言葉巧みに娘をコントロールしようとしたときも、「自分中心」の娘であれば、

「お母さん、アドバイスありがとう。でも、私は、自分の力でやってみたいんだ。私が納得できるまで、やってみたいんだ」

などと、はっきりと言うことができるでしょう。

また、もし母親が前記のように、娘の「失敗」を、娘を支配するための道具に使ったとしても、それには乗らずに、

「私は、やってみてよかったと思ってるんだ。後悔はしていないよ」

と、きっぱりと言うことができるでしょう。

こんなふうに「自分中心」の視点に立ってはじめて、自分を大事にする場面、自分を愛する場面が具体的に見えてくるのです。

◎「自分を愛する」って、どういうこと？

私が家庭の問題についてアドバイスをするとき、どんなに意を尽くして理解してもらおうとしても、それが相談者にうまく伝わらないことがあります。けれど

も、それは相談者の理解力が足りないからではありません。

相談者の育った家庭環境が、一般的な家庭環境と極端に異なる場合、その家庭で見聞きした独自の「常識」が、自分の人生の基準になってしまいます。

自分の家庭環境と他の家庭環境とを比較するチャンスがなければ、どこがどうおかしいのかということも、きっとピンとこないでしょう。

たとえば、私たちは「愛」という言葉を知っています。だから、「自分を愛する」という言葉自体は、簡単に理解できるでしょう。

けれども、言葉でそう言うことはできても、実際にどうすれば自分を愛することになるのか、さっぱりわからない人もいるでしょう。

親が躾《しつけ》と称して子どもを叩いていれば、子どもは「叩かれること」も、愛情表現のひとつだと思い込んでいるかもしれません。

いつも家庭で怒鳴られていれば、怒鳴られることも、愛情表現のひとつだと思うでしょう。

自分を大事にしましょうと言葉で言ったとしても、家庭で、親から大事にされた経験がなければ、どうしたらいいかわからないでしょう。

私が言いたい「自分を大事にする」ということの意味と、相談者が思う「自分を大事にする」ということの意味との隔《へだ》たりが大きければ大きいほど、その意味は理解できなくなるはずです。

どんなにその方法を伝えようとしても、言葉というのは、それほど頼りないものでもあるのです。

◎「実演」で見えてくる、自分の愛し方

さて、ではどうすれば、自分を愛する方法が実感できるでしょうか。

そんなとき私は、自分の気持ちを伝えるための言葉の使い方、コミュニケーションのとり方、また態度や表情などを、ひとり芝居で実演してみせることがあります。

文字や理屈で伝えるよりも、実際に目の前で実演してみせたほうが、正確に伝

わりやすいし、相手も納得できるからです。

リアルで具体的な場面の中には、実にたくさんの情報が含まれています。「愛する」という意味を伝えたいとき、言葉で愛の意味を説明するよりは、相手を抱きしめたほうが早いときもあるでしょう。

相手が責めるような言い方をしたときでも、「相手の否定的な言動に乗らないようにしましょう」と抽象的にアドバイスするよりは、自分の気持ちを表現してその場を去る方法を、具体的に実演してみせたほうが、はるかに納得がいくでしょう。

本書においても、自分を大切にする方法や、母と娘の関係をよくするための方法を、折に触れて母娘の対話形式の「実演」でお伝えしていきたいと思います。言葉は平面的ですが、状況や状態の再現は立体的です。その中にはいくつもの情報が含まれています。

もしあなたが、いまとてもつらい人間関係や親子関係の問題を抱えているとしたら、そうした情報に触れることではじめて、自分のためにどうすればよいか、その「具体的な対処方法」が見えてくることでしょう。

第1章

人間関係の悩みのモトは、親子関係！

03 子ども時代の経験が、「いまの自分」をつくっている

◎人間関係、金銭問題……。その大半が「親子関係」にさかのぼれる

カウンセリングで話をどんどん掘り下げていくと、職場の人間関係や身近な人たちとの人間関係だけでなく、金銭問題や、経営に関する問題さえも、多くはその原因を相談者の家庭環境にまでさかのぼることができます。

たとえ目の前の問題が関係のないことであっても、その人の家庭環境に話が及ぶとき、やはりその親や家族の中で、同じ問題や似通った問題が起こっていることに気づかされるのです。

当然ですが、昔から成人したら、あるいは独立したら、自分に起こっている問

題は自分の言動に責任があると捉え、家庭環境とは切り離して考えてしまいがちです。

けれども、「心の問題」に焦点を当てていく場合には、必ずしもそうとは限らないのが実情です。

もちろんそれは、「自分のいまの状況は親子関係から来ているので、それを解決するには必ず親子関係の改善を図らなければならない、親子が向き合わなければならない」と考えるべきということではありません。

ただ、**自分の物事の捉え方、認識の仕方、言動パターンは、その生育過程で学習し、身につけたものであり、親子関係や家庭環境を無視して考えることはできないということなのです。**

◎「拒絶された体験」の繰り返し

私たちが自分の人生を振り返ったとき、家庭で体験したこと、とりわけ「つらかった」「寂しかった」「怖かった」など、〝感情レベル〟で実感したことは、心に強く印象づけられ、後の自分の言動に大きな影響を与える――。

これが私の見解です。**自分が過去に経験したことの影響が、現在抱えている問題や状況の中にそのまま現れる**ということを、いつもカウンセリングの際に確認します。

一例として、挙げてみましょう。

ある子どもが、お母さんに甘えたくて、「ママ〜！」とお母さんの背中に抱きつきました。子どもは、お母さんが「なあに」とやさしく答え、背中に背負ったり、抱きしめてくれることを期待していました。

けれども母親は、子どもの気持ちを汲《く》むどころか、背中を向けたまま、

「うるさいなあ。いま忙しいんだから、邪魔しないで！」

と感情的に声を荒らげ、背中をよじって、子どもの身体を振り払いました。

子どもはびっくりしましたが、何も言えずに黙ってその場を駆け去り、悲しい

気持ちを抑えながら、部屋の隅に隠れるようにしてうずくまりました。

子どもは、もしかしたら、母親が心配して探しに来てくれるのではないかと期待しましたが、どんなに待っても来てくれません。

子どもがしぶしぶ母親のところに行くと、母親は謝るどころか、

「何してたのよ。ご飯なんだから、さっさと食べなさい」

と叱ってきました。さらに傷ついた子どもは、ご飯も喉を通りません。そんな子どもに苛立ったお母さんは、

「食べないんだったら、もう片づけるからね！」

と、また、冷たい言葉を浴びせて片づけようとします。

子どもは悲しい気持ちを隠しながら、ご飯を口に押し込みました。

◎「感情」が人生のひな形に

あなたが幼いときにこんな体験をしていれば、あなたの心に、そんな光景が

「悲しい」という感情とともに焼きつけられます。

あなたがそれを「マイナス感情」を持って体験した、そのことが重要なのです。

このときあなたは、その経験によって、

「愛情とは、求めても得られないものだ」

と思い込むかもしれません。

あるいは、

「私が母親の愛情を求めて行動すると、愛情を得られるどころか、逆に拒否されて責められる」

というふうに学習するかもしれません。

あるいは、この経験によって傷ついたあなたは、

「自分のほうから愛情を求めるのは、やめよう」

と決断するかもしれません。

その決断のために、あなたは相手が自分に愛情を示してくれるのを待つことは

しても、自分のほうから愛情を示し、求めることをやめてしまうかもしれないのです。

このように、これまでの人生のさまざまな局面で、自分がどう感じたか、どう思ったか、どういう決断をしたか、その経験が自分の言動パターンとなり、人生の型そのものにもなり得るのです。

◎「普通の家庭」に育っていても……

強い感情を伴った体験は、強く心に刻み込まれます。ショックが大きければ大きいほど、それは忘れられない記憶となるでしょう。場合によっては、あまりにもつらいので、自分の心を守るために記憶を葬《ほうむ》り去るようなことも起こるでしょう。

けれども、多くの相談者が、

「そんなトラウマになるような出来事はありません。ひどい仕打ちをされたこともないし、虐待を受けたこともありません。私の家庭環境は、いたって普通です。むしろ、私はかわいがられたほうだと思います」

と答えます。

確かにそうなのです。

一般家庭での出来事は、トラウマとして残ってしまうような深い痛手を負うよりは、前述のような、**日々の〝小さなこと〟の積み重ね**です。

「背中に抱きついて、母親に拒否された」という経験は、子どもにとっては後々まで心の痛みとして記憶されるかもしれません。けれども親にしてみれば「たまたま忙しくて、子どもにかまってあげることができなかった」程度の認識でしかないことも多いでしょう。

場合によっては「そんなことがあったの？」と覚えていないほど、大きな問題となり得ていないケースがほとんどなのです。

◎「否定」「拒否」の積み重ねが、心に大きなダメージを与える

けれども実は、この「そんなことがあったの？」という認識で終わってしまっている日常の積み重ねが重要なのです。

たとえば前述の、母親に甘えたい気持ちを満たそうと、**「子どもが自分から働きかけて、拒否された」**という出来事は、ここに限らず、他のさまざまな場面で起こっている可能性があります。

他の場面では、子どもが母親に「ねえ、この絵本、一緒に読みたい」と頼んでみて、「いま、忙しいから、後にして」とピシャリと断られているかもしれません。

「後にして」という言葉を信じて待ちつづけたのに、その「後にして」がいつになっても実現しなければ、子どもは次第に親の言葉を信じなくなっていくでしょう。

あるいは、そんな経験が度重なると、子どもは「母親が忙しそうにしているときは自分から話しかけてはいけない」と思うようになるかもしれません。さらに、話しかけることそのものに、罪悪感を覚えるようになるかもしれません。

そしてついには、

「自分は、親に愛される資格のない人間だ」

と思い込むようになるかもしれません。

◉子ども時代の「小さな傷」が積もり積もって…◉

失敗が怖い、反論ができない……。そんな悩みのモトは、はるか昔の「否定」や「拒否」の経験かも。

04 他人を気にして動けない人、自分の気持ちで動ける人

◎肯定的な体験を繰り返して育った子ども

日常の小さな出来事の積み重ねが人格をつくり上げる。それは肯定的な体験においても同じことです。

母親の中には、子どもが甘えて「ママ〜!」と自分の背中に抱きついたとき、「なあに」とやさしく答えて抱きしめる人もいるでしょう。こんな母親であれば、子どもが「ねえ、この絵本、一緒に読みたい!」と言ったとき、

「あら、素敵な絵本ね。ママも一緒に読みたいなあ。じゃあ、あと20分待ってくれる? いまこれをしているから、すぐに終わらせるね」

と答えるかもしれません。子どもをむげに拒絶することなく、**母親自身の都合をきちんと説明し、子どもの希望をかなえる**ことを約束する。母親のこんな言葉に、子どもは、自分の気持ちを受け入れてもらえたと感じるでしょう。

実際に母親が言葉通り20分後に約束を守れば、子どもは待ったかいがあったと思うでしょう。そして、自分の望みをかなえるために「待つこと」も覚えます。

さらに母親が、

「待ってくれて、ありがとう。おかげで仕事がはかどったわ」

と子どもに感謝の気持ちを伝えれば、親に協力できたという自負心も育つでしょう。もちろん、一緒に楽しい時間を過ごすことができます。

◎正の貯金、負の貯金

こんな経験が積み重なっていけば、子どもは自分の欲求や希望を思いのまま表現することにとまどいを覚えたり、ブレーキをかけたりしないでしょう。むしろ、自主的に言葉で働きかけたり、行動することを覚えたりもするでしょう。

そうして**「プラスの経験」を数多く重ねることにより、子どもは、やり方次第で物事は好転するということを学習します。**仮に人生の一過程で困難なことが起こったとしても、絶望しているままでいることなく、希望を持ってそれを乗り越えようと努力するでしょう。

どうでしょうか。日常の何気ない場面でも、対処の仕方によって前項と本項のように、後の人生に大きな差が生まれてきます。

一見すると、そんなに大きな違いがあるようには思えません。けれども、私たちは気づかずに、いつもと同じ思考、言動のパターンを繰り返しています。そしてまた相手も、同じような思考、言動パターンで反応しています。

言ってみればそれは、1円の貯金と一緒です。

たかが1円、されど1円。1円ずつ負の貯金をしていくか、正の貯金をしていくかによって、10年、20年後には正反対の道を歩いているでしょう。

「そんな小さなことぐらいで……」と親が思う、あるいは子ども自身もそう思う。そんな小さな出来事の積み重ねが、自分の人生の言動パターンを決定づけ、人生の脚本の土台をつくっていくことになるのです。

◎「他者中心」の人が送る、苦しい人生

ちなみに、前項のような家庭環境で育ち、相手のことを必要以上に気にして、**相手の顔色を窺《うかが》ったり、相手の態度や反応によって自分の言動を決めたりする生き方**を、私は「他者中心」の生き方と呼んでいます。

その概要はすでに序章でご紹介しました。またこの考えについては、私がこれまで多くの著作で書いていますので、ご存じの方もおられることでしょう。

言うまでもないことですが、幼い子どもは庇護者《ひごしゃ》なしには生きていけません。

親が子どもの心を十分に受け止めず、つねに子どもの存在を否定するような言動をとってばかりいれば、子どもはまるで、生命の危機に直面するような恐れを抱くことでしょう。

親がいなければ生きていけない。そんな恐れを抱き、見捨てられないために、生きていくために、子どもはつねに親の顔色を窺いながら生きることになります。

親の言動に囚《とら》われて、親の機嫌がよければ、ホッとする。親の機嫌が悪ければ、警戒する……。そんなふうに、絶えず親を気にしながら、あるいは周囲を気にしながら生きることになります。

そんな「他者中心」の生き方をしていれば、自分の気持ちや感情が置き去りにされるだけでなく、自分の欲求や希望にすら気づかなくなっていくでしょう。

もちろん、自分を大事にできないのですから、苦しい人生になっていくのは言うまでもありません。

◎「自分中心」の人が送る、納得の人生

一方、本項の例に挙げたような生き方を「自分中心」と呼んでいます。

「自分中心」の生き方は、他者のことで悩むよりも、まず自分の気持ちや感情を大事にします。

こんなふうに書くと、わがままで身勝手という〝自己中心的〟なイメージを持つ人もいるでしょう。けれども実はその反対で、他者のことを思いやれない人、自分の主張を一方的に通そうとする人、そして争ってでも自分の我を通そうとする人たちこそ、自分を大事にできない「他者中心」の生き方をしてきた人たちです。

幼いころに自分の意志や感情が尊重されず、否定されたり、拒否されたり、自分の欲求や望みを受け入れてもらえず、あきらめざるを得なかった体験をたくさん経ているために、人にやさしくすることができなくなっているのです。

人と争ったり、人から奪ったりしないと自分の望みはかなえられないと考える「他者中心」の人とは反対に、「自分中心」の人は、人のものを奪い合ったりしなくても、自分が自分のために得ることができると知っています。

実際のところ、**相手と争わなくても、自分の主張を押しつけなくても、人は自分の気持ちや意思を大事にすることができる**のです。

相手に否定され、拒否されたとしても、「自分中心」の人は、相手の言動よりも、自分を信じたいと思うでしょうし、そう行動するでしょう。これまでの成育環境で、自分を大事にする方法を身につけているため、他人ではなく、自分のために行動することを心から認めています。また、家庭で大事にされているからこそ、他者を大事にすることもできるのです。

◉親の機嫌を気にする「他者中心」の人生を卒業しよう◉

自分の気持ちや感情を大事にしてこそ、他者のことを思いやり、やさしくすることができる。

05 「他人と一緒にいるのが苦痛」な人が増えている

◎指で触れた途端、のけぞるように身体を反《そ》らす

私が主催するワークショップで、「立ち方」のレッスンを行ったときのことです。

そこでほんのちょっと、参加者の肩に触れる機会がありました。

肩であっても背中であっても、相手に直接触れる前に、まずは指先で「触れていいですか」と尋ねたり「よろしいですか」と合図を送ります。

そんな中、私が指で触れた途端、険《けわ》しい表情で硬直し「のけぞるように」身体を反らしてしまう人がいました。

私が意味するところの「触れる」というのは、欧米人があいさつ代わりに行う「ハグ」に近いイメージです。親しみの一部として捉えていますし、多くの人がそうだと思います。ところが、「触れられる」ということにすら、驚愕の表情で拒否反応を示す人を目《ま》の当たりにして、驚きました。

それは、その人が経験した親子関係ではまったくの「あり得ないこと」であり、「触れられる」という行為は、その人にとっては暴力を意味するくらいに耐えがたいものだったのでしょう。

◎人の「温《ぬく》もり」を嫌悪する世代

整体や指圧といった治療行為にすら、接触を理由に過剰に反応して緊張をする人がいます。皮膚と皮膚の接触に嫌悪感を持ってしまう、たとえば握手にすら抵抗を覚えてしまう人もいるようです。

かつては「人の温もり」といって、気持ちや心の交流にとどまらず、抱き合ったり触れ合ったり、手を握り合ったりして、相手の「人肌」の温かさを感じて安心したりするようなところがありました。

けれども昨今では、肌が触れ合うことに嫌悪感を覚えたり、過剰に否定的な反応をしたりしてしまう人が増えてきています。幼いころからの親子の身体的接触が、以前よりも乏《とぼ》しくなっていることも影響しているのではないでしょうか。

◎経済発展がつくった母子密着社会

かつてバブルのころ、家計を支える父親が、経済発展とともに社会の担《にな》い手として盛んに単身赴任せざるを得ない状況下で、母子が家庭にとり残されて、実質的には「父親不在」の母子家庭のような形で離れて暮らす時期がありました。

母親は、ひとりで子育てに奮闘し、協力者、理解者が傍にいない心細さや寂しさから育児にエネルギーを注ぐ。さらに少子化ということもあって、教育ママという言葉があるように、子どもを心の拠《よ》り所として子育てに傾倒し、期待していく――。

必然的に、母子の密着度が高くなることは避けられなかったのかもしれません。

そんな時代背景もあって、家庭を不在にしていた父親は、成長した子どもと、どうつき合っていいかわからない。子どもも父親に対して、まるで父親が闖入《ちんにゅう》者《しゃ》であるかのように、どう接していいかわからない。母親は、子どもとあまりにも心理的に近すぎて、問題が起きても、どう解決したらいいかわからない。

こんなふうに、社会の仕組みが変遷していくにつれて、それに応じた問題が起こっています。いま起こっている親子問題は、かつて蒔《ま》かれた種が発芽し、長い年月をかけて形になったものなのです。

余談ですが、最近の傾向では、共働きで、父も母も忙しく働いていて、幼児のときから子どもを託児所や保育所といった保育機関に預けざるを得ないようになっていて、父親どころか母親でさえもが不在の時代になりつつあるように感じます。

◎自分を大事にすることに罪悪感を覚える

接触という点では、他者と一緒にいることそのものを「苦痛」に感じる人も増えてきています。人と一緒にいると、どうしても、

「相手が自分をどう思っているのだろう」
「こんなことをしたら、どう思われるのだろう」
「こんなことを言ったら馬鹿にされないだろうか」
「こんなことをしたら、嫌われないだろうか」

などと気になってしまうのです。

このところ、**長時間、人と一緒に過ごすと、「楽しい」と感じるよりも「窮屈だ」「息苦しい」と感じてしまう**という声をたくさん耳にします。

心の奥では、自分らしくいたい、自由でいたいと欲求しているけれど、そうすることを許されてこなかった人たちは、不思議な話ですが、自分が自分らしくあ

ろうとしたり、自由を求めたり、自分を大事にしたりすることに罪悪感を覚えます。また、そうすることに、恐れを抱きます。

それは、自分らしくあろうと行動して、それを拒否され、否定され、力で抑えつけられた経験が、恐怖を伴った痛みとして蘇《よみがえ》るせいもあるでしょう。

そんな過去のさまざまな呪縛から自分を解き放つためにも「自分中心」の考え方を身につけていくことは必須なのです。

◎はじめから存在する「束縛」

親子関係をはじめとする家庭環境で「自分を大事にすること」を教えてもらっていない人たちは、こうした漠然とした、慢性的な悩みを抱えているかもしれません。

しかもそれは、形に現れにくく、自分では何が起こっているか、何に対して不満があるのか、何が原因でそう思うのか、正体を突き止めることができません。

無理もありません。

なぜなら、「他者中心」の考えを持つ人の多くが、親との関わりの経験から、物心ついたときにはすでに「他者中心」を学びとってしまっています。

スタート地点からすでに「他者中心」であり、その考え方しか知らないのですから、どんなに苦しんでも、改めて過去を振り返り、そのスタート地点そのものが間違っていたのだと気づかない限り、その「苦痛」の正体をつかむことはできないでしょう。

その正体に気づかないまま、

「仕事が嫌いなわけではありません。特別に嫌な人が職場にいるというわけでもありません。でも、どこにいても、何となく、しっくりこないんです」

と、生きることの漠然とした不安を訴えるのです。

「家にいても、自分の部屋にいても、居心地が悪く、自分の居場所がないと感じてしまうんです」

と訴える人もいます。

「誰か、家族と争ったりしていて、いづらいのですか」

と尋ねると、

「そんなことはありません。誰もそんなに干渉しないし、帰宅したら自分の部屋にいることが多くて家族とは接触する時間があまりないし、争ったりもしていません」

と答えます。

確かに、表立った問題は起きていない。けれどもそれと同時に、「一緒にいて楽しい、コミュニケーションをとっている時間が楽しい」という姿をイメージすることもできません。

相手の生き方に干渉しないのはいいのですが、相手の生き方を認めているというわけでもなくて、ただ、「無関心である」というふうに、お互いに没交渉で、個々がバラバラに生きているような家族の姿を彷彿《ほうふつ》とさせます。

昔風な言い方をすると、「愛の温もり」が欠けているのです。

06 きっと親が正しいはず。でも、どこかしっくりこない……

◎「普通の人々」が抱く実体のない不安

明らかに親子で争いが絶えない。親が、自分の言うことを否定してばかりいるので腹が立つ。お互いに避け合ったり無視し合ったりしている。そんなふうに家庭内の確執が顕在化していれば、はっきりと自分たちの家庭に問題があるとわかります。

けれどもそうでない場合、実体のない不安を抱えて生きることになります。

自分の家庭環境や親子関係は、自分の生き方や考え方、物事に対する対処の仕方に影響を及ぼします。家族以外の人間関係の問題であっても、その原因は**家庭**

で身についてしまった偏《かたよ》った常識や家庭で負った心の傷に起因しているという場合が非常に多いのです。

親子関係に摩擦《まさつ》がなく、その問題が表面化していない人たちは、こうした事実に気づくことはないでしょう。

さらに場合によっては、自分がどんなにひどい状況になっても、親に問題があったということを認めたがらずに、

「いいえ、親はぜんぜん悪くありません。親には、迷惑をかけてばっかりいます。いまも面倒を見てもらっていて、私がダメなんです」

などと、親を懸命にかばおうとする人さえもいます。

◎「被害」を認めたくない気持ち

なぜ、そこまでして親をかばうのでしょうか。

親の価値観を無抵抗に受け入れつづけてきた自分への罪悪感、そして親を非難

することへの罪悪感で、事実を事実として認めることができないからかもしれません。

若い人ばかりでなく、40歳、50歳の世代の人であっても同様に、

「もうこの歳ですから、親の影響は関係ありません。私の問題は自己責任です。私が悪いんです」

と、自分を責めがちです。

またあるいは、

「確かに、親の育て方は間違っていたと思います。けれども、もう親も歳ですので、親の育て方が悪かったんだと言って親を責めてもしようがありません。いまさら親に、育て方が悪かったなんて文句を言うのは、親に対して酷《こく》ですよ」

こんな解釈で、問題をやり過ごす場合もあります。

◎理性では受け入れられても、感情が納得しないとき

要は、自分の心の〝持ち方〟の問題でしょう。

実際に親を心から許し、尊重し、労《いたわ》ることができるのなら、その人がどういうふうに対処しようが、それこそ「自分の選択」の問題です。個々の選択は、個々に委《ゆだ》ねられるべきものです。

問題なのは、頭で**「親を許すべきだ」と考えながらも、反対に、感情がそれを納得できていない場合**です。

親から繰り返し受けた、大小さまざまな仕打ちに対してマイナス感情を抱きながらも、「苦労しながら自分を育ててくれたんだから、親に感謝しなければならない」と、無理に肯定しようとすれば、矛盾する自分の心に苦しくなるでしょう。

自分の中で親に対するマイナス感情がしこりになっている限り、どれだけ真摯《しんし》に「親に感謝しなければならない」と考えていたとしても、親に心から感謝の気持ちを持つことはできないでしょう。

◎「矛盾」が生み出す親との争い

そんな感情を持ちつづけるうちに、その矛盾を解消するため、自分自身も予期しない「無意識の出来事」が起こり得ます。

過去のマイナス感情が解消できていない苦しさで、その感情が自分を駆り立てて、親に争いをしかけていったりすることがあるのです。

また、この問題のややこしいところは、その怒りの矛先《ほこさき》が向くのが親であるとは限らない、ということでしょう。むしろ、親には感謝しなければいけないと思っているため、本来の原因とは関係ない相手にぶつけてしまうという場合も少なくありません。

これとは逆に、親と争っていながら、その感情の奥に「話し合いたい」「親と和解したい」「親しくなりたい」といったような「無意識の目的」が潜んでいるという場合もあります。親に腹を立てているのも事実なのですが、無意識のうちに仲よくしたいとも思っており、ついつい近づいては、また争ってしまうということがあるのです。

こう聞くと、中には、

「そんなことはない。あんなひどい親はいないない。死んでも許すもんか！」

と思う人もいることでしょう。

もちろんです。許したり、話し合ったりしようとするよりも、距離を置いたり、あるいはきっぱり離れてしまったりしたほうがよいという親もいます。

ただ、あなたがもし、親と距離を置こうと思えばそうできるのに、つい近づいては争ってしまうという行動を繰り返しているとしたら、心のどこかで親の存在を求めている可能性が高いと言えます。あるいはそれは、あなたの親そのものを求めているというわけではなくて、あなたを理解してくれる人や信用できる人、庇護《ひご》してくれる人を強く求めているという可能性もあります。

安心できる人間関係を欲することは当然のことです。そうであれば、その自分の気持ちを自覚したほうが、余裕をもって親との関係を考え直せますし、より建設的だと言えるでしょう。

私たちが普段思ったり感じたりしている「顕在意識」と、心の奥で自分も知らないうちに思ったり感じたりしている「無意識」との間には、かなりの隔たりがあります。

自分がどう思うかよりも、他人にどう思われるかを重視して考え行動する「他者中心」の生き方をしている人ほど、この**顕在意識と無意識のギャップ**が大きいでしょう。

こんなふうに自分自身を、自分がまったく意識しない行動に駆り立てる「無意識の目的」については、これからの話の中で折々に、説明していきたいと思います。

第2章

「親子ならわかり合える」なんて、ただの幻想！

07 なぜ、親はわかってくれないのか

◎「わかってほしい！」という、親への切実な思い

親子の問題から抜け出せずに苦しみ、私のもとにカウンセリングに来る人たちは、悲しかった過去の体験、そしていまのつらい気持ちを親に向かって訴えたにもかかわらず、依然として理解してもらえないままでいる人が多くいます。

相談を受けている私のほうがその声を聞いていて苦しくなるほど切実に、

「（自分のことを）わかってほしい、わかってほしい」

と訴えます。そして、

「でも、何を言っても、わかってくれない。どうやっても、理解してもらえな

い」

「何をやっても、どう努力しても、どう訴えても、心が通じ合わない」と、**自分の思いが伝わらない苦しさ**を嘆き、失望感に駆られ、それでもあきらめ切れずにもがいています。

親に対するその「わかってほしい」という痛烈な思いは、他の一般的な相談事とは比較にならないほど深刻です。中には、親のことが解決しなければそこから一歩も前に進めないというほど、この問題に囚われている人もいます。

◎「愛」を求めつづける、大人になった子どもたち

それがどんな親であろうと、子どもが心の拠り所にできるのは親（あるいは親に等しい保護者）以外にありません。幼いころは、保護者、庇護者がいないと生命そのものが危うくなるというほどに、親が自分の生殺与奪《せいさつよだつ》の権を握っているからでもあります。

けれども成長の過程で、「愛がほしい、自分をわかってほしい」という気持ちが満たされない場合には、大人になっても、それを求めつづけることになります。

親に愛を求めるのは、「いまの自分」ではなくて「子どものころの自分」。過去の思いがいまだに解消されていないから、子どもであったときの自分の気持ちを、子ども目線で求めてしまう。だからつい必死になってしまう、ということなのです。

悲しいことに、そうやって**「わかってほしい、認めてほしい、愛してほしい」という気持ちを親に求める人ほど、親子関係で満たされた経験が乏しかった人が多い**のです。

ところが「過去の親」が幼いわが子の心を満たしてやれなかったように、「いまの親」も、依然として、大人になったわが子の心を満たしてあげる方法を知りません。

だから「いまの親」に愛を求めても、結局は愛を得られないまま苦しむことに

なるのです。その事実に気づかない限り、大人になった子どもは、子ども時代の心を背負いながらも親の愛を求めつづけ、

「わかってほしい、認めてほしい、愛してほしい」

という思いを募らせていくことになるのです。

◎「わかってくれない」とは、どういう状態か

子どもは親に対して、「どうして（自分のことを）わかってくれないんだ」という気持ちで必死になります。

いったい、子どもの言いたい「わかってくれない」とは、どういう状態なのでしょうか。親がどういった状態のときに、子どもは、「親がわかってくれた」と納得して満足するのでしょうか。

子どもが親に対して「わかってほしい」という気持ちをぶつけた結果、「そうだったのか。子どもの言うことは、もっともだ。確かに、自分が子どもを

傷つけてしまった。子どもは、そんなに傷ついていたのか、悪かった……」

と、たとえ心から反省したとしても、大半の親は、どうすれば子どもをわかってあげられるのか、まったく見当がつきません。

一般的に言うところの、

「子どもは愛情が足りなかったんだから、愛してあげればいいんです」

といったふうなアドバイスを受けたところで、そもそも、その**「愛し方」がわからない**のです。

イメージだけで捉えて、

「家族が子どもと一緒に、一家団欒《だんらん》で食事をとれば、家族が親しくなるだろう」

とばかりに、子どもに食事を強制してしまう親もいたりします。

「愛する」という言葉は、あまりにも範囲が大きすぎるのです。それぞれが、自分の獲得した愛し方しかできないという点においては、「愛し方」は、まさに人の数と同じぐらいあると言ってもいいでしょう。

そして、その愛し方が適切なものであるかどうかは、誰にもわかりません。それは数字で表せるものではなくて、お互いの、あるいはそこに関係する人々が感じる満足感や、充足感、幸福感でしか量れないものだからです。

実は、「愛し方」の意味は、親と同様、子どももわかっていないのです。

どう愛されれば満足するのか。親が何をすれば、納得するのか。どんな愛し方であれば、幸せと感じるのか。親子でその方法を探っていくしかないのです。

08 心のイライラ、モヤモヤは、どうすれば晴れるのか

◎漠然とした「過去の傷」

私が親子の問題でカウンセリングをするとき、子どもの側のリアクションに、ひとつの傾向があります。

「親がわかってくれない、何を言っても聞いてくれない、反対ばかりする」

と訴える子どもに向け、私は、

「どんなときに、反対されたのですか?」

と尋ねます。すると子どものほうから、

「とにかく、いつも反対するのです」

と、漠然とした答えが返ってくることが多いのです。

「具体的にどんなことで反対されたのか、もう一度、思い出していただけませんか」

と再度尋ねても、やっぱり、

「自分のしたいことを親に言っても、〝そんなの無理だ。どうせつづかないだろう。前も同じことを言ったじゃないか、まだそんなことを言ってるのか！〟と、いつも反対してばかりなんです」

などと、具体的な話が出てきません。親とのやりとりで傷ついたさまざまな場面で、とくに印象に残った親の言葉を寄せ集め、ひとまとめにして答えがちなのです。

◎決して満足しない子ども

エピソードだけではなく、その「感じ方」も同様で、

「あのときも否定された。その前も否定された。子どものときだって、何をやっても否定された。親はいつも、私のやろうとすることを否定するんです」

というふうに、過去のさまざまな場面で否定されてそのたびに傷ついた感情を、ひとまとめにして答えがちです。

それは、大きな問題がないから漠然とした話しか出てこないという可能性もありますが、たいていの場合、ことはもっと深刻です。

というのは、普段からあまりに多くのことを否定され過ぎていて、無意識のうちに相手の言葉を拒絶して、聞き流したり、意識に上ってこないようにしたりしているということがあるからです。

そして、そのたびに傷ついた、という過去の感情を抱え込んだまま、

「どうして、私の気持ちをわかってくれないのよ」

と、親に向かって訴えます。

どんなに叫んでみても、なぜか気分は晴れません。子どもは自分が満足できていないという事実に改めて直面し、そのたびに失望することになるでしょう。

仮に親が事態を自覚して、子どもに対して懸命に償《つぐな》おうとしても、親もまた「決して満足しない子ども」の姿に直面して途方に暮れることでしょう。

「じゃあ、親はどうすればいいんでしょうか。過去をとりもどすことはできないじゃないですか」

と、叫びたくなるかもしれません。確かに、そう言いたくなるのも当然です。

◎親の反応

親に受けた仕打ちを訴える相談者に対して、

「子どものとき、そのことで傷ついたということを、親に向かって言ったことはあるんですか」

と尋ねると、

「ええ、あります」

と、多くの人が答えます。

「言うと、どんな気持ちになりましたか」

「思ったほどには、スッキリしません」

と答える人たちがいます。

「言ったときは、スッキリしたと思ったのですが、しばらくするとまた、腹が立って、言いたくなります」

こんなふうに、**感情的に怒りをぶつけて、少しラクになって、また、思い出して腹が立ち、言いたくなる**というパターンを繰り返す人たちも少なくありません。

「言っても言っても、満足しない。感情をぶつけてもぶつけても、満足しない」

こんな果てしない気持ちのまま、争いを繰り返している親子さえもいます。

またその一方で、

「そう言ったとき、親は、謝ってくれましたか？」

という問いに対して「いいえ」と答える子どもも多くいます。

「そんなことをした覚えがない」

と否定する親や、

「そんなことが、あったんだっけ？」

という反応で、子どもの傷ついた心に無頓着《むとんちゃく》な親も多いのです。さらには、

「何よ、そんな小さなことで。そんなことぐらいで傷ついてたら、社会でやっていけないよ」

というふうに、言下に否定して、子どもの言葉を一蹴《いっしゅう》してしまう親もいます。

とりわけ母親は、

「あなたはそう言うけれども、私が、どんな思いであなたを育ててきたと思っているのよ。私がどれだけ大変だったか、あなたなんかには、わからないわよ！」

と、こんな言い方で子どもに反応しがちです。

◎解決法は、親から心理的に離れること

子どもが親に、過去の傷ついた感情を訴える。けれどもその中身は漠然として

いてフォローのすべもなく、子どもの気持ちは晴れることがない。

仮に親が、

「確かに自分は子どもを傷つけてしまった。子どもの言う通りだ。私が悪かった」

という気持ちで、子どもに償いたいと決心したとしても、親はその償い方がわからないし、子ども自身も、親がどう償ってくれれば満足できるのかがわからない。

親も子どもも、その根本的な解決方法を知らず、両方が苦痛の中でもがいている。

ついには、親も逆切れしてしまって、

「じゃあ、どうすればいいのよ！」

「いったい私にこれ以上、何をしろって言うのよ！」

などと、お互いに感情をエスカレートさせてしまうような結果になっている――。

こんな**感情の堂々巡り**には、どう対処すればよいのでしょうか。

人間関係の問題を相談されたとき、私は主にふたつの解決方法を提示しています。

ひとつめは、ひとつひとつの問題を具体的に見つめ、解決していくということです。何が問題で、何に傷つき、どうしたいのか、そういったことを具体的に捉えてこそ、解決の糸口が見えてきます。感情的になって漠然とした物言いで相手と争うだけでは問題は解決できません。関係を改善したいのであれば、状況の把握や要求は具体的にすることが大事です。

けれども家庭の問題である場合、いくつもの問題が積み重なり過ぎていて、ひとつひとつの問題を解決していくことすら難しいという場合も少なくありません。

一般的にいって、家族との関係は他の人間関係よりも関係が長く、触れ合っている時間もまた多いからです。ある問題と他の問題が複雑に絡み合っているということも多いでしょう。それらを無理に解決しようとしても、その過程で傷つき、問題が増えてしまうということも起こり得ます。

そこで重要になってくるのが、ふたつめの解決方法です。それは、「心理的に距離を置く」ことです。

相手に干渉するような行動や、こうしてほしいと要求したくなるような気持ちは減らしましょう。それだけでも、相手に腹が立つ頻度《ひんど》が少なくなるはずです。これが、「心理的に距離を置く」ということです。距離を置くのは、「一時的にでも」という考えで構いません。それでも上手くいかないようなら、時間をかけてみるか、もう少し距離を置いてみましょう。

距離を置くことで、お互いがいくらかでも冷静になれれば、ひとつひとつの問題を解決していく余裕が生まれることもあるでしょう。

矛盾しているように聞こえるかもしれませんが、急いで解決しようとするのをやめることが、解決の近道なのです。

もし、心理的に距離を置いてもまだ苦しく、改善の兆《きざ》しも見えないというのであれば、物理的にも距離を置くことを視野に入れてもいいでしょう。同じ家に住んでいなければ、触れ合う機会は自然に減ります。

触れ合う機会が多いことは、お互いの関係が上手くいっているのであれば良いことですが、問題のある関係であれば、その触れ合う機会の多さが傷つけ合う機会の多さにつながってしまいます。ですから、触れ合う機会を減らすことで、傷つけ合う機会を減らすのです。

心理的、あるいは物理的に離れることができれば、仮にいま、相手を憎んでいるとしても、そんな気持ちを軽くして、自分自身を解放していく努力もしやすくなるでしょう。

この、自分自身を解放する方法については、これからより詳しく述べていきます。

09 あなたは知らないうちに、親の言動の影響を受けている

◎原因としての「親」、結果としての「子ども」

言うまでもありませんが、家庭というのは長い年月をかけて築かれるものです。

家族間で争ったり、たびたび問題が発生するようであれば、そのコミュニケーションのとり方のどこかに誤りがあります。

それは、誰かが悪いということでも、愛情がないということでもなく、お互いの関係の捉え方、あるいは気持ちの伝え方の不適切さによって生じていると言うことができるでしょう。

子どもの成長は、模倣から始まります。**模倣の見本となるのは家族です。**両親だけでなく、祖父母とも暮らしていれば、子どもは祖父母の言動からも学習するでしょう。

家族同士が争い、問題のある言動をとっていれば、子どもはそれも学習してしまいます。親自身と親の言動パターンを学習した子どもが問題のある言動で交われば、その関係は問題を生みやすく、またその反対に、適切な言動で交わることでより適切な関係となりやすいことは、説明するまでもないでしょう。

家族や親子は、それぞれが似通った言動パターンで動いているため、そのパターンが問題だと気づきにくいところがあります。

けれども物事には、原因と結果があります。どんなに親自身が自らを正しいと信じていたとしても、どんなに自分の主張に正当性があると確信していても、自分たちのとった行動が子どもに「好ましくない結果」として出ていれば、親のやり方のどこかにその原因があるのです。

◎「血縁」ゆえの無益な衝突

「やり方が適切であっても、結果が悪いことって、往々にしてあるんじゃないでしょうか」

親としてはそう言いたくなるかもしれませんが、私たちの心は案外、理にかなった動きをするもので、博打《ばくち》のように結果の予想がつかなかったり、つかみどころがなかったりということは、実際は意外なまでに少ないものです。

もちろん、一朝一夕《いっちょういっせき》というわけにはいきませんが、適切なやり方を学べば、確実に傷つけ合わない距離のとり方がわかり、理解し合ったり、許し合ったり、歩み寄ったりすることができるのです。

中には、終生わかり合えない親子もいるかもしれません。ただそれは、親子だけでなく、人間関係すべてにおいて言えることでしょう。

まったく赤の他人であればつき合わないで済むのですが、血縁という非常に近い間柄だからこそ、どうしても「わかってほしい」と期待してしまいます。

わかってもらうことが無理だと頭ではわかっていても、「感情」がそれを認められないために何度でもぶつかります。距離を置くことができないどころか、争うたびに新たな傷を上塗りして、それでもやっぱり離れられずにいがみ合うというケースも少なくないのです。

◎母娘の会話に潜む「支配」

お笑いのネタ話のようですが、こんな会話があります。

母親が、

「まったく！　角のお総菜屋さん、値上げしたんだよ！　困るねえ」

と娘にぼやきました。

「へえ、じゃあ、また食費がかさむね。ほんと困るわね」

「でも、お店だって大変なんだよ。値上げしなくちゃ、やっていけないんだろ」

「えっ？　じゃあ、仕方がないんじゃないの」

「なに言ってるんだい。高くなったら、買えなくなるじゃないか！」

「……じゃあ、買わなきゃ、いいじゃない！」

「買えなきゃ、どうすんのよ。料理が大変じゃないの！」

「私に言われても、どうしようもないよ！」

「なに無責任なこと言ってるんだい。誰のために料理してると思ってるのよ！」

これらのセリフを立てつづけに読むと、まるで「かけ合い漫才」のようです。

ああ言えば、こう言う……。一見、卓球の球を競技者が激しく打ち返すような速攻戦に、小気味よささえ覚えるかもしれません。

しかしこれは、実は笑いごとではなく、実際によくある深刻なやりとりなのです。

◎際限なく繰り返される「否定」

先の文章を娘の立場になって、もう一度読んでみましょう。

「まったく！　角のお総菜屋さん、値上げしたんだよ！　困るねえ」

と、母親が娘にぼやきました。

「へえ、じゃあ、また食費がかさむね。ほんと困るわね」

と娘が何気なく答えました。母親は「食費がかさむ」という言葉に反応して、

「でも、お店だって大変なんだよ。値上げしなくっちゃ、やっていけないんだろ」

と即座に言い返します。

娘は「えっ？」と戸惑います。さっきの意見とは言っていることが反対です。

母親は、何を言いたいのだろうと娘は考えつつ、

「じゃあ、仕方がないんじゃないの」

娘がそう答えると、

「なに言ってるんだい。高くなったら、買えなくなるじゃないか！」

と、またくつがえす言い方をします。

その言い方に反応した娘は、苛立って、

「じゃあ、買わなきゃ、いいじゃない！」

「買えなきゃ、どうすんのよ。料理が大変じゃないの！」

だんだん語気が荒くなっていく母親に、

「私に言われても、どうしようもないよ！」

娘が憤然《ふんぜん》として、そう答えると、

「なに無責任なこと言ってるんだい。誰のために料理してると思ってるのよ！」

娘はあきれてこれ以上言い返す気にもなれず、黙ってしまいます。

◎こうして、傷つくことに鈍感になっていく

どうでしょう。こうして娘の立場から会話を振り返ってみると、苛立っていく

◉言葉を発した瞬間に否定される「習慣」◉

親しい間柄ほど、相手への配慮がなくなりがち。
気づいたときには関係が悪化していることも。

娘の気持ちが感じられるのではないでしょうか。

この会話では、娘のほうは最初、素っ気ないながらも母親の言葉を汲んでいます。ところが、共感して言う娘の気持ちを、母親は受け止めることができません。母親は娘の話を「耳と心でちゃんと聞く」ということもなく、**条件反射的に反応して相手の言葉を「くつがえす」というくせ**がついているのです。

相手の言った言葉が、自分の心に届く間もありません。母親自身が、自分の過去の親子関係で身につけた言動パターンを、自分の娘に対しても、そのまま繰り返しているのです。

毎日の生活の中で、親子の会話がこんな調子で展開していけば、相手に対して否定的な感情を抱く機会は多くなっていくでしょう。

またそれがあまりに日常的なやりとりのため、もしかしたら本人たちは、自分が「否定的な感情になっている」ということにすら気づいていないかもしれません。

仮に気づいたとしても、それを「当たり前のこと」と受け流してしまえば、

「家族って、こんなもんだろう」

と思い込むに違いないでしょう。

そんなふうに、お互いが感情的になって暮らすことが当たり前になってしまうことで、自分が「傷つくこと」に対して鈍感になっていくのです。

10 「自分の感情」を大事にする生き方

◎我慢することは、いいことなのか

自分の感情に鈍感になることを、

「我慢強くなるから、いいじゃないか」

と言う人がいます。

「少々傷つけられたぐらいでブツブツ言うようじゃダメだ。もっと打たれ強くならなくちゃ、やっていけないよ」

と言う人もいれば、

「近ごろの若いもんはだらしないし甘えているから、忍耐強くなるために苦労したほうがいいんだよ」

と言う人などもいます。果たして、そうでしょうか。

ここは強調しておきたいところです。

そうやって**自分の感情に鈍感になってしまえば、打たれ強くなる代わりに、自分が、どういうときに傷ついたのかがわからなくなってしまいます。**

鈍感になるということは、つまり、

「傷つくから、感じないようにする」

ということです。

それは、決して、〝傷つかない〟ということではありません。自分が傷ついているということを、脳がキャッチできないようになってしまったために、「平気なように感じる」というだけのことなのです。

◎〝無意識の自分〟は、しっかり傷ついている

近ごろでは、どこの街でも「整体」の看板が目につきます。それだけ現代人は、多くのストレスを抱えた日常を送っているということでしょう。そのために、ほとんどの人が肩こりを訴えます。

ところが中には、見るからに肩がガチガチにこっていて、とてもつらそうに映るにもかかわらず、

「肩こりなんて、まったくありませんよ」

と答える人がいます。

これは、肩こりがあまりにも慢性的になって、逆にこりすぎて鈍感になってしまっているという状態なのですが、本人は、それを自覚できません。

これと同じように、顕在意識では「傷ついていない」ように感じたとしても、それは顕在意識の感じ方が鈍感になっているだけで、〝無意識の自分〟はしっか

りと傷ついていて、それを知っています。

このことが、非常に重要なのです。

◎我慢するほど、人生は厳しくなっていく

そして、それ以上に重要なことがあります。

感情に鈍感になってしまうと、「自分がどんなときに傷ついたのか」ということが見えなくなってしまうということです。

「我慢する」ほど、人生が厳しくなっていくように思う人はいませんか。

それは思い違いではありません。

我慢するから、厳しい人生になっていくのです。

どういうことでしょうか。

言うなれば、感情に鈍感な人は、100発殴られても、

「これぐらいのことで弱音を吐くなんて恥ずかしいことだ。ここは踏ん張って耐

えなければならない」

と自分を叱咤激励《しったげきれい》するようなものでしょう。

一方、「自分の感情」を大事にできる人は、1発殴られたときに気づくでしょう。1発殴られたときに気づけば、次には、殴られそうになる前に気づくでしょう。

あるいは、

「殴られないために、どうするか」

という発想をすることができるのです。

11 母娘の関係は、「そうだね」で変わる

◎「自分中心」の発想が、自分を救う

もちろんこの「殴られないために」というのは、

「相手を怒らせないために、どうしようか」

と発想することではありません。これは序章でご紹介した、相手を何とかしようとする「他者中心」の発想です。

これに対し、「自分中心」の発想は、

「自分を大事にするために、自分を守るために、どうしようか」

と考えます。

これは「自分自身の尊厳や自負心、誇り、自己信頼、自分の価値」といったものを基盤とした捉え方ですので、同じように「どうしようか」というふうに考えたとしても、他者中心の人と自分中心の人とでは、方向性がまったく正反対なのです。

「自分中心」の人であれば、状況によっては、殴られないために「そこを去る」決断もできるでしょう。

簡単に言うと、他者中心の生き方をすればするほど、状況は悪化していきます。

自分中心の生き方をすればするほど、状況はよくなっていきます。

話を元にもどしますと、こんなふうに「殴られる前に」気づくほうがいいのです。

自分の人生においては、自分が主役です。

その主役であるべき自分自身が、自分を大事にすべき瞬間、自分を守るべき瞬間に気づかずに、どうして自分を愛することができるというのでしょう。

◎傷つき、我慢し、鈍感になってしまった親の姿

こんな話をしたとき、

「でも、すぐに怒鳴ったり、逆上したりする人っているじゃないですか。私の親がそうです。父も母も、私たちには暴言を吐くくせに、自分たちが少しでも傷つけられると、感情的になるんですよ」

と反論した人がいました。

まさに、それが「傷ついても我慢して鈍感になってしまった」親の姿なのです。

「何だか、いつもイライラしている」

「誰に対しても、社会に対しても、テレビを観ていても、なぜか腹が立つ」

「誰彼かまわず、怒りをぶつけたくなる」

「チャンスがあれば、腹を立てて誰かにぶつけている」

肝心なところでは、「自分が傷ついている」ことに気づかない。

そのためにさまざまな痛みが解消されず、どんどん〝蓄積〟していく。親であれば、もう、何十年もの年月です。

何十年ものネガティブな感情が解消されずに蓄積しているので、**人生そのものが「怒り」や「憎しみ、恨み」のかたまりになってしまう**のです。

にもかかわらず、その解消の方法がわからない。だから、絶えずネガティブな感情の中で生きていて、些細なことに対しても、これまでの全生涯の痛みをぶつけるかのごとくに反応して激高するということになるのです。

◎どちらかが、相手を認める姿勢を見せる

前出の「母娘の会話」の例は、お互いに「ああ言えば、こう言う」の会話になってしまっています。相手の言うことに「耳と心を傾けて聞こう」としないので、こうやって、お互いに傷つけ合ってしまうのです。にもかかわらず、この母娘は、自分たちが「傷つけ合っている」ということに気づきません。

こんな「傷つけ合う会話」をやめるには、どちらかが先に、相手を認める気持ちを持って、心を込めて「そうだね」あるいは「そうなんだね」と答えてみる。このひと言だけでも、自分たちの関係を変えるきっかけをつくることができるでしょう。

◎逃げる娘と、しがみつく母親

前項の例では、決して娘は母親の言葉を無視しているわけではありません。とはいえ、気分的には生返事です。

母親の言葉に対して、娘は着替えながら、顔を洗いながら、テレビを観ながら、といった聞き流しの感覚で反応しています。そのために、満足感や充実感が得られるような会話になっていません。

母親としては、これでは当然、面白くありません。

娘は日ごろから、母親のことを「うるさいなあ」と感じているので、母親に踏み込まれるのを恐れていて、心理的には「できるだけ、関わらないようにしよう」という〝逃げる意識〟が働いています。

ところが母親のほうは、娘が自分から逃げようとしているのが感じられるので、執拗《しつよう》に追いかけたくなります。

母親は無意識のところで**「自分を受け止めてほしい。受け止めてくれる満足を得たい」**と欲求しています。けれども、それが満たされないため、不満足感や飢餓感から、娘にしがみつきたくなっているのです。

だから、相手の話に「耳と心」を傾けて、相手に向かって一言、

「そうだね」

と言う、この言葉がひとつ母娘の生活に増えるだけでも、2人のこれからの関係は少し変わってくるのです。もちろん、肯定的に。

こんなふうに、心というものは形に見えませんが、見えないからこそ「自分中心」になって自分の心を感じ、相手の心を感じとることができれば、私たちが思い込んでいるほどにつかみどころがないものではないのです。

第3章

「わかり合う」より、まず「認め合う」

12 感情を「情報」として捉えてみる

◎スッキリ解決しないのは、自分の感情が抜け落ちているから

心の問題は複雑で、解決はなかなか難しい――。

こういうふうに思ってしまうのは、これまでずっと、大半の人が「他者中心」で生きてきたからだと言えます。

相手の視点で心の動きを憶測したり、相手の言動を推し量ろうとすればするほど、わけがわからなくなっていくでしょう。

あるいは、頭だけで、

「どうしたほうがいいんだろうか」

「どうすれば、自分にとってよい結果となるのだろうか」

などと考えはじめれば際限なく、ますます混乱してしまうでしょう。

こんなふうに、自分に起こっている問題について、相手を見ながら解決策を探したり、頭でベストな解決策を模索したとしても、スッキリした気分で解決できないのは、その中から「自分の気持ちや感情や欲求」が抜け落ちていることに起因しています。

自分中心になって「物事を自分の視点から観る」ことから始めてみましょう。

◎感情って、何だろう？

感情というのはなかなかやっかいで、得体の知れない化け物のようなものだから、抑え込んでおかないと、とんでもないことになる。しっかりと手綱を握っていないと、暴走したり、爆発したりしてしまう。だから我慢して抑えつつ、うまくコントロールしなければならない――。

これが、感情に対する一般的な考え方です。

いまだ大半の人が、そう信じているのではないでしょうか。

でも、本当にそうなのでしょうか。

感情というものは、マイナスに働けば、イライラ、不安、憎しみ、恨み、恐怖、絶望といったふうにエスカレートし、際限なくその裾野を拡げていきます。

けれどもまた感情は、プラスに働けば、私たちに深い安らぎをもたらし、温かさや感動や幸福感、あるいは、至高の愛という言葉があるように、光輝くベールのように美しく、崇高《すうこう》な歓《よろこ》びさえも与えてくれます。

こんなにも多種多様で、質的にもレベル的にも異なる感情を、単に「コントロールすべきもの」として片づけていいものでしょうか。

◎自分の感情とのつき合い方

そもそも「感情はコントロールすべきものだ」という考え方そのものが、間違っていると私は考えています。むしろ**感情は、自分に何が起こっているかを知るための「情報」であるという捉え方です。**

情報である感情を、情報としてキャッチするどころか、無視したり、抑え込もうとするから、問題が生じたときにその問題がいっそうこじれたり、悪化していくのだと言えるのです。

実際に、この２つの思い込みを修正すれば、物事がシンプルに、かつ正確に見えてくるのです。

つまりそれは、自分中心になって「物事を自分の視点から観る」ことと、「感情を情報として捉える」という、２つの修正です。

この「感情を情報とする」という捉え方は、さらに章をすすめていくうちに、だんだん理解できていくことと思います。

13 「戦う」のではなく「理解」する

◎「そうだね」が言えない人たち

親子は誰よりも関係が密接であり、いったん問題が生じれば感情的になって言い合ったり争ったりするために、まるで「感情」そのものが家族のトラブルの元凶となっているように見えがちです。

けれども、それは「感情」が問題なのではなく、もっと根本的な**「相手を認め合えない」**という問題がその奥に大きく横たわっています。

前章では、母娘の会話には「そうだね」という言葉が必要だと述べました。

文字にすると、非常に簡単な言葉です。けれども〝心〟を込めてこの言葉を発することは、なかなか難しい。それは言葉の問題ではなく、感情の問題だからです。

この「そうだね」という、同意の言葉を言えない人が少なくありません。「そうだね」という言葉を自分の人生の遠い昔に置き忘れてきたかのように、決して口にしようとしない人もいます。とりわけ親となっている世代の、年齢が高い人たちほど「そうだね」と言わないでしょう。

どうしてなのでしょうか。

「そうだね」と言うと、どんなことが起こるというのでしょうか。

◎相手を認めることへの「恐怖」

実際のところ、彼らは何が起こるかを具体的に知っているわけではありません。けれどもそんな〝気〟がしていて、それを恐れています。

無意識のところで、彼らはそんな実体のない「恐怖」を抱いているのです。

もしかしたら、「そうだね」と言わない人々は、自分がそんな恐怖を抱いているということすら、気づいていないかもしれません。「そうだね」と言わないことを、「意志の強さ」だと勘違いしている人もいるかもしれません。

「そうだね」と相手に同意すると、とてつもなく怖いことが起こるのではないかと恐れています。人と戦う意識が強い人ほど、「そうだね」と言うことを恐れるでしょう。

客観的に、冷静な目で「何かが起こる」と判断しているのではなく、過去の経験の、感情レベルでの〝実感〟をもとに、恐れているのです。

◎相手の要求をのみたくないから戦う関係

たとえば、常に戦闘モードで生きている人が、相手つまり敵がどんどん要求してくることに「そうだね」と頷いてしまえば、敵の要求のすべてを「わかった。そうします」と受け入れざるを得なくなります。

「戦っている人たちは、そうなってしまうことを、無意識に恐れているんです」

こんな話になったとき、Aさんが、

「そんなことはありませんよ！　『そうだね』と答えたからといって、相手の要求をすべてのまなければならないってことではないですよね！」

こんなふうに答えたとしましょう。

お気づきでしょうか。

すでにここでも「そうだね」という言葉は、使われていません。

では、こんなふうに言い換えるのはどうでしょうか。

「**そうですね**。確かに『そうだね』と言えない人は多いですね。**なるほど**、そうだと改めて思いました。絶えず戦闘モードで人と戦って生きている人には、言えないんですね。でも、『そうだね』と答えたからといって、それは『相手の要求をすべてのむ』ということではないと私は思うんですが。戦っている人たちは、そう考えないのでしょうか」

◎戦わない人は、相手を〝心〟で感じている

Aさんの言葉と、後で言い換えた言葉とを、改めて読み比べてみてください。声に出して読むと、よりリアルに実感できるでしょう。

まず後者は、相手の意見に耳を傾けています。だから、「そうですね」という言葉が返ってくるのです。相手の言うことを受け止める言葉が出るのは、相手の言葉や態度、表情を〝感じとる〟ことができる「感性」が解放されているからです。

これは決して、「相手の顔色を窺ったり、相手の心を推測したりしている」わけではありません。

相手の出方を注視して、頭で考えることではありません。相手を〝心〟で感じているのです。また、言葉の速度もゆっくりなのですが、それは、相手を戦うべき相手と見なしていないからです。

お互いに、相手が自分の話をじっくりと聞いてくれると信じていれば、何も急いで主張することはありません。

戦わないからこそ、ゆっくりとした調子で会話のやりとりができるのです。だから相手の言葉をいったん心に落とし込み、そのまま感じて咀嚼《そしゃく》するように味わいながら話ができるのです。

◎相手を言葉でやり込めて、自分が優位に立つと……

前者のAさんの答え方は、すでに〝戦闘モード〟になっています。そして相手の言葉にすぐ反応して、反射的に返しています。

相手の話をじっくりと、自分の心に落とし込む前に、相手の言葉尻を捕らえて、反応するという行動を瞬間的にやってしまうのは、「相手の言葉に自動的に反応する」くせがついているからです。

絶えず他者のことを気にしたり、他者の言動を窺ってしまう「他者中心」の人の典型的な特徴です。

「相手を言葉でやり込めて、自分が優位に立つ」というのが目的となっています。相手との肯定的な会話の交流を目的としているのではなく、**「戦って勝つ」が〝無意識の目的〟となっている**のです。

だから、速攻で切り返すのですが、少なくともこんな戦う意識では、相手と親しくなることや、心がホッと和《なご》むような会話に発展することはないでしょう。

◎わが子を「自分の敵」と感じる瞬間

戦う意識で生きている人にとっては、人生は「勝ち負け」でしか見ることができません。戦っているのですから、相手に屈服するわけにはいきません。

そのために「そうだね」と同意することは、勝負に負けたも同然の恐怖を呼び起こします。感情のレベルで恐怖を抱き、絶対に負けてはならない、そう思ってしまうのです。

戦っている人にとって、敵だと見なしている相手と「理解し合う」という関係が成立するわけがありません。

「でも、わが子を敵だなんて、思うわけがないじゃないですか」

と言う人がいます。

確かに、子どもが黙って自分の言うことに従っているときは、「素直ないい子」なのかもしれません。が、子どもが自分の思いと少しでも違ったことをすると、感情的になって拒否したり否定したくなるとしたら、それはどうしてでしょうか。

◎相手の〝心を感じとる〟

家族間、とくに親の側は、肉親という理由だけで子どもを自分の所有物のひとつのような感覚で扱い、子どもをひとりの人格を備えた〝対等な人〟という見方で尊重することを忘れてしまいがちです。

さらに親は子どもより人生経験が長いため、自分の経験則での考え方ややり方を押しつけたり、さらには自分が果たせなかった夢を強制したりもします。「味方、さもなくば敵」という気持ちがあるために、子どもが自分の意に背《そむ》いたとたん、さまざまな思惑やそれに付随する恐れから、感情的になってしまうのではないでしょうか。

相手が「敵」であれば、自分にどんな攻撃を仕かけてくるかわからない。そんなことにならないうちに先制攻撃を仕かけて、相手の戦力を潰してしまえという感じで、感情的になって子どもを屈服させないではいられなくなるでしょう。

もしもお互いが「理解し合える関係」であれば、すぐに感情的になることはないでしょう。言葉に怒気が含まれていたり、苛立っていたり、たびたび攻撃的な言い方や嫌味な言い方、復讐的な言い方になったりはしないでしょう。

理解し合うには、相手の心を感じとる能力が必要です。相手の心を感じて〝共感する〟という感性や感度が乏しくてはできないことなのです。

◉味方、さもなくば敵！◉

意のままにならない娘を、無意識に「敵」と捉えてしまう母親。「娘は所有物」という感覚でいることも……。

14 親から子へ受け継がれる〝悪しき伝統〟

◎相手を認められない親子の「不毛な戦い」

「相手を認められない」というのは、相手の気持ち、感情、意思、行動、あるいは生き方を認めようとせずに、自分の思った通りにしようとする支配的な意識があるということです。

たとえば親から、

「いつまでそんなこと、やってるつもり？」

「そんな高望みしてどうすんのよ。アンタには向いてないのよ！」

「そんなことに使う金があるなら、もっと家に入れなさいよ」

「何度言わせれば気が済むのよ。すぐ動けばいいことじゃないの、まったく！」

「なによ、家のことなんてほったらかしで！　いい気なもんね！」

「そんなヒマがあるんなら、バイトでもしたらどうなの？」

「いったい何やってんのよ。他にしなきゃいけないこと、あるんじゃないの！」

「もう、いい歳なのに、いつまで親に迷惑かける気なのよ！」


こんなセリフが飛んできたら、子どものほうも、

「うるさいなあ、いちいち小言ばっかり言って！」

「なんで私がしなくちゃ、ならないのよ！」

「アンタこそ、ブツブツ言うヒマがあったら、自分でやったらいいじゃないか！」

「何をしようと、こっちの勝手でしょ！」

などと、言い返したくなってしまうでしょう。

それが高じて、絶えず争い合ったり、家庭内で親を無視したり避け合ったり、

中には「長年、まともな会話をしたことがない」という親子もいます。

相手を認められないため、お互いを支配しようとする意識が生まれ、こんなふうに不毛な戦いが延々とつづくことになるのです。

◎言動のパターンは、親子孫の三世代に引き継がれる

相手を認められない親子は、争いごとに疲れたり、お互いに無視し合うことに疲れたりしていても、それをどうやって解消していったらいいかがわかりません。

仮に親が、

「自分の人生が間違っていた」

と自覚していたとしても、あるいは、

「自分の生き方が間違っていた。子どもだけは、自分とは違った人生を生きてほしい」

というふうに願っていたとしても、残念ながら、親はその気持ちを伝える方法まで学んでいるわけではありません。

親は、自分たちの親（わが子にとっては祖父母に当たる人々）から学習した言動パターン通りに動いていて、それをそのまま子どもに伝えます。

たとえ自分の親とは異なるやり方で子どもを教育しているつもりでも、結局は「まったく同じやり方」をしていることが多いのです。

その自覚がなければ、親子孫の三世代間で、似たような言動のパターンを繰り返していることもあります。時代の流れや社会環境に多少は影響されるものの、土台となっている三世代間の「ひな型」を崩すことはできないでしょう。

その**〝悪しき伝統〟の最たるものが、「相手を認められない」ということ**なのです。

たとえ間違いに気づいても、それを修正していくには時間がかかるでしょう。いわば〝伝統〟のようなものですから、伝統に変化をもたらすには、少しずつと り組んでいくしかないと自覚することが必要かもしれません。

◎「子どもには自由に生きてほしい」と考えた母親

こんな例があります。

子どものころ、ひたすら親の言うことに従って生きてきたある女性は、自分の子どもだけは、自由に生きてもらいたいと心から願いました。けれどもその希望に反して、子どもに自主性は備わりませんでした。

「私は親には絶対服従で、指図されたりあれこれと口出しされたりして、とてもつらかったので、子どもには自由に生きてほしいと思いました。

だから、子どもができるだけ自由に、のびのびと生きてくれるようにと心がけましたし、自由がいちばん大事だからと思って、学校もしっかり調べて自由な校風の学校を選んで行かせたのです。

けれども、そうやって一生懸命育ててきたのに、どこがいけなかったのと言いたくなるほど、自主的に行動できない子どもに育ってしまいました。

どうして、こうなってしまったのか、私には、まったく原因がわからないのです」

こう言って、彼女はため息をつきました。

◎「支配の連鎖」は簡単には断ち切れない!

どうしてそうなってしまったのでしょうか。

たとえば、「親には従うように」と躾《しつ》けられてきた彼女は、親に従わないでいると罪悪感を覚えます。つまり、自分が自分のために「こうしたい」と思うだけで、親に逆らっているような気持ちになって、後ろめたい気持ちに襲われるのです。

「思う」だけでも後ろめたさを覚えるのですから、彼女にとって、自分の望むことを「する」というのは、親を裏切るにも等しい行為なのでした。

親に服従して生きてきたから、せめて子どもには自由を、と彼女が望む気持ちはもっともです。けれども、そもそも彼女は、どんなに自由を望んでも、「自由でいることの方法」を誰からも教えてもらっていません。

自由の手に入れ方がわからない。これが、彼女にとっての問題でした。

そのために、彼女は子どもに対して「自由に生きなさい」と強制したり、「のびのびとした子どもになりなさい」と押しつけたりして、自分の願いに沿った子どもになるように、子どもの自由を奪い、自分に従わせようとしてきました。

彼女の親は「自分に従え！」というメッセージを送ることで、子どもを支配してきました。彼女自身は、わが子に「自由になれ。のびのびとしろ」というメッセージを送ることで、子どもを支配しました。

皮肉なことに、彼女の親も彼女もまったく同じように、わが子に「自分の言うことに従え」というメッセージを送ってしまっていたのです。

◎支配していると自覚できない母親

では彼女の子どもが、「自分から自主的に動けない子ども」になってしまったのは、どうしてでしょうか。

実は、子どもとの関係に問題を抱える50～60代の親の多くが、**「私も同じように親に厳しく言われてきました。私にできたことが、どうしていまの子どもにはできないのでしょうか」**と主張します。いまの子どもは昔ほど苦労していないし、環境的にも物質的にも自分たちより恵まれていて自由なんだから、甘えているだけなのだというわけです。

先の彼女の場合でも、わが子の境遇は、苦労した自分のものとは比較にならないという気持ちがあります。ただ彼女の場合、親の言いなりになることをつらいと感じつつも、大きな疑問を抱くことはありませんでした。親の言いつけに疑うことなく従っていたから、心の矛盾を感じなくても済んだのです。

ところが、彼女自身はわが子に対して、「もっと自由に生きなさい」というメッセージを送りつつ、その実は自分に従わせてきました。

「自由にしろ」と同時に、「私の言うことに従え」。

これらの両立し得ない、矛盾したメッセージを送られた子どもが混乱し、自主的に動けなくなってしまうのは当たり前のことなのでした。

◎「されたくなかったこと」をわが子にしてしまう

こんなふうに、親は自分のような人生を子どもに歩ませたくないと願いつつも、気づかないうちに、自分の親と同じやり方で、子どもに接してしまっています。

子どもが成長したとき「自分と同じやり方をしている子ども」を見て、愕然《がくぜん》とする親もいますし、子ども自身も、親に反発しながらも、成長して結婚したり家庭を持ったりすると、実は親と同じやり方をしている自分に気づいて愕然とすることも少なくないのです。

こんなふうに、自分のやり方のどこが不適切で間違っているのかに気づかない

◉親には「支配している」自覚がない◉

「自由に生きてほしい」と願い、娘に「自由」を強制してしまう……。親はその矛盾に気づかない。

限り、一度身につけた言動のパターンは修正することができません。

そんなとき、自分の間違いを知る助けとなるのが「自分中心」の考え方です。

よく「自分中心」を学んで理解がすすむと、多くの人が、

「私は、まったく正反対のことをしていたんですね」

と言います。

それほど、自分の環境に存在しない価値観を手に入れることには困難が伴うのです。

違ったやり方が自分の傍に存在していたとしても、それを見つけるすべを学んでいないと、自分の目には見えないのです。

第4章

親子がわかり合えない本当の理由

15 親と子どもは「別の人格」

◎母親は子どもが生まれたときから見てきている

現代の親子関係において、母と子どもとの密着度が強くなることにより起こる問題が増えてきています。そこで、母親の立場から子どもを見てみましょう。

母親がわが子を強く意識するのは、妊娠がわかったときからです。そして子どもが誕生し、子どもも含めた一家の生活が始まります。

親は子どもの成長を、日々確かめることができます。子どもとの生活が始まって、楽しいこともつらいこともあったでしょう。

子どもが夜泣きした。お漏らしした。おしめがとれた。離乳食になった。ハイハイをした。立った。歩いた。熱を出した。風邪をひいた――。

このように、子どもの小さな成長に一喜一憂します。

ときには、夫が育児や家事を手伝ってくれないとぼやいたかもしれません。夫と喧嘩した。嫁姑の問題で悩んだ。自分も仕事をしなければならない――。

諸々の過去の中には、いまだに解消できていない「心の痛み」もあるでしょう。そんな過去を経てからの出産です。そうしたことを子どもは知りません。

◎すべてを知っているわけじゃない

母親は子どもが生まれたときから子どもを見てきています。ですから、子どものことをすべてわかっていると思ってしまうことも無理からぬことです。

しかし、実はここに大きな落とし穴が隠れているのです。

たとえば何人かで同じ映画を観たとします。しかし、それぞれの人の体調も違えば、機嫌も違います。映画から受ける印象だって、まったく違っています。

つまり、母親がいくら子どもと一緒にいて、同じものを見て同じ経験をしているように思えても、実際はまったく違う経験をしているのです。

ましてや、母親はずっと子どもと一緒にいて、同じものを見ているわけでもありません。子どもに物心がつけば友だちができ、友だちとだけで遊んだりもするでしょう。それを母親が横で見ていたとしても、もはや同じ経験とは言えません。そのときの子どもの気持ちをはっきりと知るすべはないのです。

そしてそのような子どもだけの経験は、子どもが大きくなればなるほど、どんどん増えていくのです。

◎親と子どもの「言い分」が違うのは当然のこと

つまり、親には親の経験があるように、子どもには子どもの経験があるのです。当たり前のように思うかもしれませんが、その実、得てして「見落としがちな点」だと言えるのではないかと思います。

異なるのは「経験」だけではありません。経験が違えば、ものの見方も変わってきます。

そして、親と子どもでは、もとより立場が違います。

立場やものの見方が違えば、言い分が違うのも当然のことなのです。

これだけの違いがあるのですから、相手を理解するということがいかに難しいことなのか、わかるのではないでしょうか。ましてや、お互いにわかり合うことがどれほど困難なことか。たとえ家族であっても、それは決して簡単なことではありません。

だからといって、悲観する必要はありません。

親も子どもも、別々の人格を備えた別の人間だということを理解し、「相手のことをわかっていない」ということを踏まえて行動すれば、多くの問題を防ぐことができるのです。

むしろ、**「私たちはわかり合っている」「私は相手のことをわかっている」という思い込みのほうがやっかいで、しばしば問題を引き起こします。**相手の気持ちや考えを自分がわかっていると思って行動すると、相手の意見を決めつけて行動してしまうことになりがちだからです。

16 子どもは知らない「親の過去」

◎親がどんなに苦労して育てても、子どもにはわからない

当たり前のことを言っているように思う人もいるかもしれませんが、ほとんどの親がこのことを認識していません。

親と対立するとき、子どもはつい感情的にこう叫んでしまいます。

「どうしてあのとき、私の言うことを聞いてくれなかったの⁉」

すると、たいていの親は子どもと同じように、

「私が、どんな気持ちであなたを育ててきたと思っているのよ！」

と言い返します。

また、口に出して言わないとしても、

「私がどんなに大変だったか。どんな思いをしてきたか。私はひとりで、必死に頑張ってきたのよ！」

こんなふうに、ほぞを噛むような気持ちを抱いているでしょう。

けれども、これは親自身の人生であって、子どもの人生と直接関係があるわけではありません。自分が苦労してきたからといって、子どもを傷つけてもいいということにはなりません。

◎親の痛みを押しつけることはできない

たとえば子どもが親に1発殴られて、それについて「謝れ！」と言ったとしましょう。そのとき、親は、

「何よ、たかが1発ぐらい。私は親に、何十発も殴られてきたのよ！」

と自分の過去を思い出して言い返したくなるでしょうが、この場面でそれを言

うのは間違っています。子どもは、親に1発殴られたことに抗議しているのです。

親が自分の親に何十発殴られていようが、それが子どもを殴ってもいいという理由にはなりません。

親が過去に、自分の親にどれほど傷つけられていても、あるいは子どもが生まれる前に家族間で傷ついたことがたくさんあっても、そんな自分の問題とは別に、

- 1発殴ったことによって傷ついている、子どもの心の痛みを〝感じる〟
- 殴ったことに対して、〝心から〟悪かったと言える

この2つが大切なのです。

◎親と子、それぞれの過去

もちろん子どものほうは、親が「親の親」に何十発も殴られていることを、目

撃しているわけではありません。子どもが「謝れ！」と叫んでいるこの場面で、親が「親の親」から何十発も殴られてきた痛みに対して「共感」することはできないのです。

もちろんこれは、わかりやすくした比喩《ひゆ》です。

大多数の家族が、平均的な、いわゆる普通の家庭です。家族間でひどい暴力行為や虐待が行われているわけではありません。が、どんなささやかなことでも、とるに足りないことでも、繰り返され、蓄積されていけば、大きな変化となっていきます。

〝ほんの小さな不適切なこと〟の毎日の繰り返しが、やがて大きな痛みや不満足となり、それが解消されないと、そんな痛みや不満足を、相手に埋めてくれるようにと要求したくなっていくのです。

ところが、親はもちろんのこと、子どももそうした痛みや不満足を「満たす方法」を知りません。

そのために、子どもが親に対して「自分のことをわかってほしい」と訴え、

「わかってくれない」という気持ちから親を責めてしまうとき、大半の親もまたこの例のように「自分の過去」を蘇らせて、親は親で「どんなに私が大変だったか、わかってよ」というような悲痛な気持ちで、子どもに対抗してしまうのです。

親と子どもが、その場で共通の体験をしているとしても、親の立場、子どもの立場でそれぞれに「自分の過去」を背負ってそこに臨んでいます。ここに大きなギャップが生じるのです。

17 「わかってほしい」と期待するのはもうやめよう

◎一緒にいても、見えている世界は違う

私たちはついつい相手に対して「わかってほしい」と、すがるような気持ちを抱きながら、自分を受け止めてくれることを要求しがちです。しかし、誰かに完全にわかってもらうことは不可能です。

私たちは、まったく同じ経験を共有するということはできません。仮に2人が同じ体験をしていても、同時に見ているその場面の受け止め方は異なります。そのため、まったく同じ気持ちになるということもありえないからです。

その受け止め方の違いには、過去の経験が大きく影響しています。

たとえばＡさんとＢさんとＣさんが同じように空を見上げたとしても、Ａさんは青い空を見ている。Ｂさんは空を飛ぶ鳥を見ている。Ｃさんは、空に突き出た電信柱を見ているのかもしれません。

このように、同じ場所にいて、同じことをしていても、お互いに、自分の見ている世界は異なるのです。

とりわけ親子の間では、血がつながっているという近しさから、親は子どもを自分の延長線上にいるように錯覚しがちです。そのため子どもに対して「自分の過去の痛み」までを持ち出して、子どもに「わかってほしい、わかってほしい」と要求し、強制してしまう傾向があることを意識する必要があるでしょう。

子どももまた、親が感情的になってやり返そうとしてくるとき、自分が背負っている過去の痛みを蘇らせているのだと知れば、自分が言った２倍、３倍もの激しさで返ってくる勢いについて、少し割り引いて受け止めることができるかもしれません。

◎どう扱ってくれれば、満足できるのか

いずれにしても、「わかってほしい、わかってほしい」と親に求めてみても、親は子どもを理解できる心の余裕がないし、そんな求め方ではお互いに満足し得ないということを、子どもの側は感情としてはともかく、知識として理解しておいたほうがよいのではないでしょうか。そのほうが、自分を無用に傷つけずに済むのです。

相手のためではなくて「自分を傷つけないために」です。

親に「わかってほしい、わかってほしい」と求めても、満足するどころか、いっそう傷つくことになるというのは、すでに、多くの人が体験しているところです。

それに子ども自身にしても、親に「わかってほしい。受け止めてほしい」と求めていながら、実際どうすれば、

「ああ、やっと、わかってもらえた。嬉しいなあ。ようやく満足したぞ」

というような結果になるか、その方法を知っているわけではありません。

親と同様に、子どものほうも、親が自分をどういうふうに扱ってくれれば「自分が満足できるか」が、わかっていないのです。

◎心が通い合う瞬間の言葉

親の立場としては、子どもが、

「あのとき、こんなことをされて傷ついた」

「あのとき、反対されなければ、私は、自分の好きなことができていたはずなんだ」

と詰め寄ってきたとき、**まずは子どもの話に耳を傾け、途中で話をさえぎったり否定したりしない**ことが大切です。

もしも話の途中で「あのときは」というふうに反論したくなったとしても、子どもの側の視点に立ち、子どもの主張に耳を傾け、そして、「傷つけて悪かったね……。本当に、ごめんね」と心から言うことができれば、そのときは、子どもも満足するかもしれません。

親自身が傷ついている過去も含めて、わかってもらいたいこと、言いたいこと、主張したいこと、言い訳したいことなど、たくさんあります。

それをひとまず脇に置いて、子どもの心だけを感じて「子どもを傷つけた」という思いで受け止めるのは、非常に難しいことだと思います。

それでも、これができれば、子どもの心が少し軽くなって、お互いの心が通い合うチャンスとすることができるかもしれないのです。

◎親が謝ってくれれば、心は楽になるのか

ただ実際は、子どもが親にそんな受け止め方を要求してみても、その希望はか

なわないことが多いでしょう。

親のほうも自分の過去や家族間でのさまざまな確執や葛藤を解消できないままでいるために、ほとんどの親が「そうだね」と〝心から答える〟ことは難しいのです。

「だったら、どうすればいいんですか。こんな気持ちをずっと抱いたまま、一緒に暮らさなきゃならないんですか！」

「じゃあ、これまで通り、親なんて無視して暮らすしかないんでしょうか」

などと言いたくなる人もいるでしょう。

そんなときに心に描いているのはきっと、「親が謝ってくれさえすれば、自分の心は満足する。心は楽になる」という希望だと思います。

けれどももし、あなたがそんな期待を抱いているとしたら、仮に親が心から謝ってくれたとしても、あなたの心は期待した通りにはならないかもしれません。

18 傷つけ合わずに、相手を認めよう

◎和解の後に再びやってくる「怒り」

確かに、過去のトラブルについて親が心から謝ってくれたら、その瞬間すべてのわだかまりが氷解するような気持ちになるでしょう。

その瞬間、心が通い合って、すべて水に流せるような気持ちになるかもしれません。

けれどもしばらくすると、また怒りが込み上げてきます。

「もう、済んだことなのに、謝ってくれたのに……」

と自分の気持ちをなだめてもおさまらず、

「いまごろ、謝ったって、もう遅いよ！」

「昔の自分をとりもどすことはできないよ！」

と、過ぎてしまった過去への無念さが蘇ってきて、

「どうして、あのとき、あんなことをしたんだ！」

と文句を言いたくなってしまうのです。

なぜでしょうか。

親が謝ってくれたそのときは、お互いに「和解できた」ような、温かい気持ち、やさしい気持ちに包まれるでしょう。お互いに、歩み寄れたような気持ちにもなるでしょう。お互いに、一歩、踏み出して、向き合えたような気持ちにもなります。

それはとても貴重な時間ですし、そこで消える過去のわだかまりもあるに違いありません。

けれどもその後で母親がつい、いつもの調子で、

「ほら、まだ、あれ済ませてないでしょう。この前、自分のことは自分でやるっ

て言ったばかりじゃないの」

などと支配的な物言いを復活させることが多々あるのです。その一言で、親に対する子どもの期待は粉々に砕け散り、

「やっぱり実際は、何も変わっていないんだ……」

と、また心を閉ざすことになるかもしれません。こうなってしまうと、一度開きかけたドアだからこそ、いっそう固く閉めることになってしまうでしょう。

◎「傷つけ合うやり方」を繰り返さない

こんなふうに、親が心から謝ったからといって、親の言動すべてが変わるわけではありません。もちろん、子どものほうも変わりません。

相手を傷つける言い方をしてしまう親は、謝った後でもやはり、子どもを傷つけてしまうような言葉を使うでしょう。子どもの側もまた、親から長年かけて学習した方法が身についているため、親と同じような言動を繰り返しているので

す。

ですから親が「悪かった」と心から謝ったとしても、その後、日常生活で同じパターンで暮らしていれば、元の木阿弥《もくあみ》となってしまうのです。

大事なのは「傷つけ合うやり方」を繰り返さないことです。

そのためには、自分たちが日常繰り返している言動パターンに気づいて、関係を悪化させてしまう従来のパターンを改善していく方法を、〝新たに学んで身につける〟ことが不可欠なのです。

◎相手を認める関係に慣れておく

親子にとって「相手の生き方を、どれだけ認めることができるかどうか」が最も重要であると私は考えています。また、そのための能力やスキルを磨いていく努力をしていくことも大切です。

ひと言で言うなら、それは、**「どれだけ自分中心になれるか」**ということです。

まず、ネガティブな感情を蓄積してきてしまった「他者中心」的な母娘の会話のやりとりを想像してみましょう。それはきっと、こんな調子なのではないでしょうか。

「きょうは、いい天気だなあ」

と娘がひとり言のように言うと、母親が「フン」といった態度で、すかさず、

「たまには、晴れてくれなくっちゃ、洗濯もできないよ！」

カチンときた娘が、

「晴れてたって、洗濯物がたまっていることがしょっちゅうじゃないの！」

かと思えば雨の日、

「ここ数日、雨ばっかりでうっとうしいわね」

娘がそう言うと、母親は、

「うっとうしいってぼやいたって、雨はやまないんだからね！」

こんなふうに、母親は晴れていても雨が降っていても、反射的に、相手をやり込める言い方をしてしまいます。

◎相手の言葉を心で受け止め、自分の言葉で返す

ではその一方で、こんな会話のやりとりはどうでしょうか。

「きょうは、いい天気ね」

「そうだねえ。ずっと雨だったから、晴れると気持ちがいいねえ」

「気持ちがいいなあ。あ、私がお洗濯しようか？」

「あ、そうかい。助かるね。ありがとう」

同様に、

「ここ数日、雨ばっかりでうっとうしいわね」

「そうだねえ。雨ばっかりだと気分が滅入ってくるね」

「気晴らしに、近所のスパにでも行こうか」

「あ、それ、いいねえ」

相手の言葉を心で受け止め、自分の言葉で返す。こうして「自分中心」で相手

を認めることができれば、そんな会話になっていくでしょう。

一見、何の変哲もない、誰にでもできそうな会話のように感じるかもしれません。ところが、そうでもないのです。言葉が平易だからそう感じるだけであって、普段からこんな会話に慣れていないと、すぐには出てこない言葉でもあるのです。

◉「自分中心」で、言葉のキャッチボール！◉

相手が受け止めやすいように言葉を投げる。受け手は「自分の気持ち」を言葉に込めて返す。この繰り返しが大切。

19 「でも」では、自分を守れない

◎「他者中心」の人の口ぐせ

たとえば、言葉のくせで説明すると、よく理解できるのではないでしょうか。

「でも」という言葉があります。

「けれども」「けど」「しかし」も、「ていうかあ」「そうかなあ」も同じです。

気づかずに「でも」という言葉を使っている人は、たくさんいます。

相手に意識を向けて、心の中が相手のことでいっぱいになっている「他者中心」の人は、ほぼ「でも」という言葉が口ぐせになっているはずです。

とりわけ**相手と勝ち負けを争っている人は、「でも」という言葉を頻繁に使い**

ます。戦うわけですから、相手を認めたら〝負け〟となります。少なくとも、戦っている人たちはそう思い込んでいます。

だから、前記したように、「そうだね、そうなんだ、そうだったんだ」といった、相手に同意する言葉は、禁句となっています。

「でも、社会人として、しなくちゃいけないじゃないですかあ」

「でも、親には、そう言ったんですけれども」

「でも、それって、なかなか難しいと思うんですよねえ」

「(でも、)そうですかねえ(私は、そうは思いませんよ)」

「そうかなあ。そんなことはないと思いますよ。必ずしもそうなるとは思えないんですけどねえ」

「ていうかあ、常識的には、相手のほうから言ってくるのが筋ですよねえ」

「ていうかあ、間違っているのは親のほうだと思うんですけれども。どうして、私が言わなくちゃならないんですかあ。気がつくべきなのは、親のほうだと思うんですけれども」

こんなふうに並べた文章を読んでいくと、どんな気持ちになるでしょうか。

この文章を読んでこの行《ぎょう》に来た〝いま〟、自分自身の気持ちがスッキリしていないことに気づくだけでも、成果があったと言えます。

◎「他者中心」の人の頭の中

まず気づいてほしいのは、**自分がこんな言い方をしているとき、頭と心は、誰のことで占められているか**、ということです。きっと、自分の意識が相手に向かっていることに気づくのではないでしょうか。

当然のことながら、他者中心になって自分の意識が相手に向かえば、「あなた、あんた、お前、君」という言葉が自動的に選択されます。

「あなた、あんた、お前、君」という意識と、相手と戦う意識が結合すれば、次に出る言葉は、

「あなたは、どうして、そんなことするの。どうして、そんなこと言うの」

というふうに、相手を否定したり、責めたり攻撃するような言葉になるのは、火を見るよりも明らかでしょう。

こんなふうにここに書いたとしても、自分が「でも」という言葉を頻繁に使っていることにすら気づかない人もいます。

カウンセリング中でも、「でも」という言葉をテーマにして話をしているとき、「もうすでに、この時間で〝でも〟という言葉を十数回使っていますよ」と言うと、目を丸くして、

「ええっ！　そんなに言いましたあ！　へえ～」

といった会話で和《なご》むこともあります。

◎自分を守るつもりが逆効果の結果に

こんなふうに言葉の使い方で言えば、「でも」という言葉を頻繁に使ってしまう人は、それだけで相手を苛立たせてしまうので、相手と関係が悪くなったり、

争ったりしやすくなるでしょう。

相手の言葉をすぐに否定してしまう人は、勝ち負けの意識が強いうえに、相手の言葉を受け入れることは負けることだと思い込んでいます。

だから「でも」という言葉を使って、相手の言葉を否定せずにはいられないのです。「そうだね」といったような、相手を受け入れる言葉は、自然には出てきません。

相手の言葉をことごとく否定していても、怒らせてやろうなどという悪気があるわけではなくて、自分を守ることに必死で、わかってもらおうとしているつもりだったりします。

ところが実際には、相手を恐れて、自分を守ろうとして口にした、その「でも」**という言い方が、逆に相手を苛立たせ、「自分が恐れる通り」の結果を引き寄せてしまう**のです。

そしてそれは、自分が親からそのように言われ、親から学んできた言動パターンでもあります。

◉攻撃されたくない。だから「でも」で自分を守る◉

相手を否定したり、戦ったりなどしなくても、コミュニケーションはちゃんとうまくいく。

しかし、「他者中心」の人は、何が起こっているのか自分でわかっていないというパターンも多いようです。相手に注目するあまりに自分の感情の動きに鈍くなってしまっていることが原因です。

中には、相手のためを思って気を遣ったり、親切にしたりしているつもりで相手を否定しているというようなこともあります。実際には、相手に押しつけたり強要したりしていて、相手に嫌がられているにもかかわらず、それに気づかず、「自分がこんなに親切にしているのだから、相手からお礼の一言でもあっていいはずなのに、まったく常識知らずなんだから」

などと、心の中で腹を立てていたりします。

◎自分の「否定」が自分に向かうこともある

ちなみに、この「でも」を自分に向けると、どんなことが起こるでしょうか。

たとえば、

「自分のすることにいちいち口出しされると、腹が立つ。**でも**、何か言うと叱責されるから、黙って我慢するしかない」

「親に小言を言われるとイライラする。**でも**、言うと争いになるから、無視するしかない」

「困ったことが起きた。**でも**、親に相談すると、すぐ否定されて傷つくだけだから、自分で解決するしかない」

　そんな意識が社会に向かうと、

「もっと、ゆっくりと就活したい。**でも**、そんなこと言っていると、就職できなくなってしまうかもしれないので、無理だ」

「職場でこんなアイデアを披露したい。**でも**、人に笑われるかもしれないので、やめておこう」

「これが好きだから、やってみたい。**でも**、失敗したら、みんなに馬鹿にされるに決まっている。だから、あきらめよう」

　こんなふうに、**行動しようとしても、自分にブレーキをかけたり、失敗するこ**

とを極端に恐れるために、積極的に動かない自分になっていくでしょう。

仮に行動したとしても、「絶対に失敗してはならない」というふうに考えるために、少しでも失敗すると、それを過剰に捉えて、自信をなくしていくかもしれません。

第5章

「親から心理的に離れる」レッスン

20 「責められる」という意識を持つ人たち

◎知らないうちに「戦闘モード」に

最近の人間関係で顕著な傾向として、会話の際に「(相手に) 責められている」と受けとる人がとても増えているということがあります。

たとえば職場で上司が指示をする、先輩が教える、やり方を説明する。プライベートで友だちが何かについて意見や感想を述べる。こんな場面で、相手は悪意があるわけでもないし、責めているわけでも、攻撃しているわけでもない。

にもかかわらず、多くの人が、

「責められている。小言を言われている」

というふうに過敏に受け止めてしまいます。「責められている」という意識があるために、言われた側はそんなふうに聞こえてしまうのです。

これが、最近の人間関係における、心理的な摩擦や争いの大きな元凶のひとつになっています。

では、そんな〝聞き方〟で相手に対すると、人間関係に何が起こるのでしょうか。

そもそも**「責められている」という意識そのものが、他者と戦う意識**です。

「一方的に責められている。攻撃されている。でも、傷つけ合ったり争いになるのが怖いので、我慢しなければならない」

というふうな気持ちで、相手の話を聞いています。

「傷つけられたら、どうしようか」

という恐れの表情を示していたり、

「私を傷つけたら許さないぞ」

という戦闘モードの態勢をとっていることもあります。

そのため、相手の話を好意的に聞くことができません。

当の本人がそういう態度でいるため、相手のほうもそれを察知して、

「この人と話をすると、傷つけられそうだ」

というふうに〝感じて〟警戒します。単刀直入に言うと、相手に傷つけられることを恐れて近づかなくなるのです。

ところが本人は、そんな自分の意識に気づいていないため、相手に対して、

「私と親しくしてくれない。無視している。馬鹿にしている。仲間外れにしている」

というふうに解釈するでしょう。

◎冷静に相手に対しているようでも、心の中では……

実際に、相手が善意でアドバイスをしたり、わからないところを教えようとしても、受け手の側に「責められている」という意識が強いと、

「私を否定している、責めている、傷つけようとしている」

というふうに〝感じて〟腹を立てたり、根に持ったりしがちです。さらには「我慢しなければならない」と思っているので、いっそう、傷ついて悔しい感情を募らせていくかもしれません。

そうなると当然ですが、相手が「自分を傷つける」という恐れを持っているため、話を素直に聞くことができません。表向きは冷静に聞いているように見えても、心の中では相手に反発したり、抵抗したり、耳をふさいでいます。

その結果、自分に有益な情報を得たり、有意義な交友関係を築くチャンスを逃すことになります。

相手が敵という認識でいると、「人が自分を助けてくれたり、フレンドリーであったり、自分に善意を抱いていてくれる」ということが信じられません。他者と肯定的なコミュニケーションをとるのも難しくなっていくでしょう。

さらに問題なのは、「相手が自分を責めている」と受け止めている人に限って、「相手を責めてしまうような言い方」をしてしまうということです。

自分自身は「相手から否定されたり、責められている」と感じています。

それでいて、自分自身も、相手に対して「否定したり、責めるような言葉」を使ってしまっています。

相手に否定されていると思い込み、気づかないうちに、相手を責めてしまっている。

これが、自分の親子関係や家庭環境で学んだコミュニケーションなのです。

21 親が否定ばかりしていると、子どもはどうなるか

◎否定とすり替えのコミュニケーション

たとえば、こんな親子の会話がありました。

「ねえお母さん、友だちがウチに泊まりたいって言うんだ」

と、子どもが母親に言いました。

母親は子どもと向き合うこともなく、目の前の作業をつづけながら、

「ダメダメ、何言ってるの。お父さんもお母さんも忙しいんだから、そんなの無理よ」

と、ろくに話も聞かず、却下です。

「でも私、友だちにいいよって言っちゃったんだ」

「何言ってるの。そんなの無理だって！　お友だちの家だって、心配されるでしょう」

「友だちのお父さん、お母さんはいいって言ってるんだよ」

「うちはダメなの。無理！」

「でも、いいよって言っちゃったんだよ」

「そんなこと、あなたが勝手に答えたんでしょ」

「友だちに、何て言ったらいいか、わからないよぉ」

「そんなの、知らないわよ。自分で言ったことでしょ！」

子どもがどうしていいかわからずに泣き出すと、

「泣いたってダメなものはダメよ。そんなことよりあなた、宿題が出てるんでしょ。もうすぐご飯だから、その前にさっさと宿題済ませちゃいなさいよ！」

家庭でこんな親子のパターンが繰り返されていけば、子どもはどんなことを学習するでしょうか。

まず、親は子どもに次のような態度をとりました。

- 子どもの気持ちを受け止めていない
- 子どもの話を向き合って聞こうとしていない
- 「相手の親が心配する」という言い方に表れているように、「相手のせい」にして自分の主張を通そうとしている
- 子どもの言うことを、頭ごなしに否定している
- 親の都合だけを一方的に押しつけている
- 親は、話題を「宿題」にすり替えている

親がとったものは、否定とすり替えのコミュニケーションなのです。

◎「話を聞いてもらえない」という絶望感

こんなことが繰り返されていると、子どもは親に対してどんな思いを抱くよう

になっていくでしょうか。

- 自分の気持ちを受け止めてくれない
- 自分の話を聞いてくれない
- 自分の言うことは、頭ごなしに否定される
- 親の都合を一方的に押しつけられる
- 話をすり替えられるので、絶えず不満足感が残る
- 問題が起こっても納得できる解答が得られることはない
- いくら主張しても自分の思いは通らない
- 自分がイヤでも、親の言うことには従わなければならない
- 親が拒否したら自分の思いを通してはならない

さらには、こんな思いを抱くようになるかもしれません。

- 自分の意志を持つと、（親が反対するだろうから）罪悪感を覚えてしまう
- 自分がしたいことがあっても、独断でやってはならない。必ず親の了解を得な

◉「否定」と「すり替え」で、わが子を追い込む◉

自分の主張を頭ごなしに否定されて親の意見に従わされた子どもは、人生に絶望してしまう。

ければならない

- 最終的に、自分の思いは通らない
- 親の言う通りに従っていたほうが安全だ
- 自分が自分のために自主的に行動するのは、怖い

こうした絶望的な思いは、親に対してのみならず、他の人たちに対しても向けられるようになるでしょう。

さらには「親が自分にしたこと」が自分の中に体験的にすり込まれ、自分もまた、他者に対して同じような言動をとるようになるでしょう。

家庭で「親のやり方」を学習した子どもが大人になって、親とほぼ似たような言動パターンでわが子に向かって主張すれば、その親子関係がより熾烈《しれつ》になっていくというのは、火を見るよりも明らかです。

22 肯定されて育った子どもは「自分のため」に行動する

◎共感と承認のコミュニケーション

では、これはどうでしょうか。

「ねえ、友だちがウチに泊まりたいって言うんだ」

と子どもが、母親に言いました。

「へえ、そうなんだ。そんな親しいお友だちができたの。よかったね」

母親は子どもの報告を受け止め、自分の気持ちを伝えます。

「うん」

「あなたはどうなの？　泊まりに来てほしいの？」

「来てほしいよ」

「そうか。あなたも呼びたいのね」

「うん、だって、楽しそうじゃない？」

「きっと、そうね。じゃあ、いつにしようか」

「この日がいいなあ」

「わかった、この日だったら、お母さんも都合がいいな。じゃあ、お友だちにお電話してくれる？」

「うん、いいよ」

「お友だちとお話ししたら、お友だちのお父さんかお母さんと代わってほしいな。お話ししなければならないからね」

「うん、わかった」

「そうかあ、そんな友だちができて、よかったね。あなたがお友だちのことを嬉しそうに話してくれるから、お母さんも嬉しいなあ」

家庭でこんな親子のコミュニケーションが繰り返されていくと、子どもはどんなことを学習するでしょうか。

◎子どもの「本当の気持ち」を受け止める

まず親は、子どもに次のような態度をとりました。

- 子どもと同じ目線に立って向き合っている
- 子どもの〝嬉しい気持ち〟を、親も〝感じて〟いる
- 親として、子どもに親しい友だちができていることを嬉しく感じている
- 子どもの「気持ち、欲求」を受け止め「泊まりに来てほしいの？」と確かめている

これは、子どもが本当は友だちを呼びたくないのか、心から呼びたいと思っているのか、**「自分の本当の気持ちや感情に気づく」ように働きかける言葉**です。

それによって、子どもも「自分の気持ちや感情や欲求や希望」に焦点を当てるようになります。

これは、とても重要なことです。子どもの「本当の気持ちや感情や欲求」を汲みたいという親の愛情から、こんな言葉が自然に出てくるのが理想です。

◎自分の気持ちや感情を持つことは自由

- 親は子どもの気持ちに添いたいというふうに願っている
- 日時の決定を、話し合って決めている
- 何でも親がするのではなく、子どもの〝責任感〟を育てるために、子ども自身に電話するよう伝えている。そのうえで「相手の親に代わってほしい」と言っている
- さらに母親は、子どもが自分に「友だちのことを嬉しそうに話をしてくれた」ということを喜んでいて、それを言葉にして伝えている

「自分中心」を提唱する筆者としては、ここがとりわけ強調しておきたい箇所です。

なぜなら、

「自分の気持ちや感情、欲求、希望、意思を持つことは自由なんだ」

と、**子どもが〝自由〟を心から認められる自分になることは、それを肯定的に受け止めてくれる親がいて、はじめて可能となるからです。**

そして「わかり合えない」親子に最も不足しているのが、この点だからです。

◎「自分のために行動できる自分」への満足感、充実感

では、子どもは、こんな日々の積み重ねで、どんな自分に育っていくでしょうか。

- 子どもは自分が「気持ちや感情、欲求、希望」を持つことを、自分自身で気持ちよく認めることができる
- 自分の気持ちを大事にしたり優先することに恐れを抱いたり、罪悪感を抱いたりしない。少なくともその割合が低い

- 私はこうしたいので「こう〝する〟」という意志が育つ
- 自分の願いを達成するために、他者に働きかけたり、行動することができるような能動性や積極性が育つ

さらには、こんな自分になっていくでしょう。

- 自分が自分のために行動できれば、人と勝ち負けを争う意識が少なくなっていく。そのために、大きな争いやトラブルに巻き込まれる可能性も低くなる
- 人間関係において、争いにならない、肯定的なコミュニケーションができるようになる
- 「自分が、自分のために行動する」ことで、さらに自信が持てるようになっていく

また、この会話だけで推し量ることは困難ですが、仮に自分のための行動が失敗したとしても、「自分中心」の意識でいられるために、「自分のために行動でき

る自分」に対する満足感、充実感を味わうことができるでしょう。

何よりも、**自分が困ったときは「人に相談したり、助けを求めたり、協力を依頼する」ことができるようになっていく**でしょう。

そしてまた、それができるからこそ、他者に対しても、自分がされたように協力したい、手助けしたいというふうになるでしょう。それは、「しなければならない」という自縛からではなく、「そうしたい」という欲求から来る意識です。

こんなふうに、日常の小さな場面での親や家族の関わり方の蓄積が、子どもの言動パターンを決めていきます。そして、その体験を通して〝実感〟することが自分の意識の種となり、その繰り返しが強固な〝信念〟として自分の中に根づくのです。

23 その「罪悪感」から脱出するために

◎親は間違ったことを言っていない。でも、何だか腹が立つ……

前述の通り、人の言動パターンの原型は親子関係、つまり家庭環境から始まります。

その家庭環境における「当たり前」が、自分の中の「当たり前」とずれている場合、子どもは困惑します。けれども、**子どもは「自分のほうが正しい」とはなかなか考えられない**のです。

たとえば親と話をしているとき、こんなことはないでしょうか。

- 親は正当なことを言っている。間違っているわけではない

- 親の主張も心配も的を射ている
- それでも、どこかにそれをスッキリと受け入れることができない自分がいる
- モヤモヤが残る。聞いているだけで苛立っていく
- 腹が立つ。聞いているだけで不快になる……

　このように**「自分の感情」が否定的に反応しているとしたら、どうか自分の「感じ方」のほうを信じてほしい**のです。あなたが自分のこうした感情に気づいたとき、あなたが本当に自分を大事にしているのか、そうでないのかがわかります。

　どんなに親が正当なことを言ったとしても、どんなに親の言うことが正しいと思えたとしても、自分の感情が肯定的に感じられなければ、「親は自分を認めてくれていない」と判断していいでしょう。

　あるいはその反対に、釈然としないながらも親の主張を優先する自分を感じたのなら、あなたは「自分を認めていない」と言うことができるでしょう。

◎親の意向に背くことの「罪悪感」

あなたは親との関係で、こんなふうに思ったり感じたりして悩んでいませんか。

- 親の期待に応えなければならない、と思ってしまう
- 親の言うことに従わないと、罪悪感を覚えてしまう
- 自分が自分の望む行動をとろうとすると、親を裏切っているような気分になったり、申し訳ないような気持ちになったり、悪いことをしているような気持ちになる
- 悩みがあって誰かに相談したいけれども、親に相談してもすぐに反対されるので、相談することをためらってしまう
- 問題が起こっても、親に心配をかけたくないために、自分ひとりで解決しようとしてしまう

◉楽しいひとときを過ごしていても…◉

自分だけ楽しい思いをして親に罪悪感を持ったなら、それはあなたの心が親に縛られている証拠。

- 親に主張するとき、「親を傷つけている」ような罪悪感に襲われる
- 親に対する不平不満を口にすると、親の恩を仇《あだ》で返すような気持ちになってしまう
- 自分のやりたいことを親に言ったとしても、許してくれないような気がする

もしあなたがこんなふうに感じたり、こんなことで悩んでいるとしたら、あなたは「**自分を認めていない**」ということになります。言い換えれば、あなたの心は親に縛られていると言えるでしょう。

◎あなたのモヤモヤは、正しい！

親の意向よりも自分の意向を優先したとき、もしかしたらあなたは罪悪感を覚えるかもしれません。

しかし、もしあなたがそんな罪悪感を覚えることを避けようとして親の意向に

従ったとしても、やっぱり、

「よかったなあ。安心したなあ。ほっとしたなあ。嬉しいなあ」

といった肯定的な気持ちになれないとしたらどうでしょうか。その行為もまた、あなたにとっては好ましくない行為だと言えるでしょう。

親に逆らうと、罪悪感が生じる。かといって、親の言うことに従っても、心がスッキリして「よかった！」とはならない。

そうだとすれば、あなたがそう感じるそのモヤモヤとした感じ方は〝あなたにとっては正しい〟のです。

◎「無意識の自分」は、ちゃんと知っている

- 親の意向よりも自分の感じ方を優先すると、罪悪感を覚えてしまう
- 親の意向に従った結果、心がスッキリとせず釈然としない気持ちが残る

物事を「自分の感じ方」を基準にして測るなら、右のどちらもが「自分を大事

にしていない行為」です。それを無意識の自分が知っているから、こんなふうに否定的なモヤモヤした感じ方をしているのだと言えます。

そんなとき、もしあなたが「自分の感じ方のほうが正しい」ことを前提に物事を捉えられたなら、心の中の親の束縛からどれほど解放されることでしょう。

24 ひとり暮らしの娘のもとに料理を届けつづける母親

◎成人してもつづく、親の束縛

親の束縛は、子どもが成長して大人になってもつづきます。

こんな例があります。

成人してからも親の束縛が延々とつづき、一緒に住むことがつらくなった娘は、実家から自転車で10分ほどの距離のアパートに住んでいます。

近距離を選んだのは、親から離れて暮らしたいと思いつつも、まったく見知らぬ街で実家から遠く離れて暮らすことに不安を覚えるからでした。

娘の母親は、娘の食生活が心配で、ときどきお手製の料理を届けてくれます。

けれども、娘には、それが頭痛の種となっていました。

決して母親の料理を食べたくないということではありません。娘の困惑は、以下のような母親の行動によるものです。

母親は彼女に連絡もせずに、いきなりやってきます。そして彼女が不在のときは、合い鍵で部屋に入って料理を置いて帰ります。

彼女は何度か、

「私が部屋にいないかもしれないので、料理を持ってくるときは、携帯に電話してから来てほしい」

と言ったことがあるのですが、母親には「親子でそんな他人行儀な」という思いがあるために、なかなか改まりません。それで口論になったこともあるのですが、

「つくったら、熱いうちに食べたほうがおいしいでしょう。あなたがいなかったら、置いて帰るだけなんだし、どこが悪いのよ」

という調子です。

料理を食べたら食べたで、

「ちゃんと食べたの？　味はどうだった？　今度は何が食べたい？」

などと電話で質問攻めにあいます。

あまりにうるさいので、電話に出ないこともありますが、出ないと心配になるのかムキになるのか、出るまでかけつづけることも少なくありません。他方で、無視しつづければ、きっと心配になって飛んでくるだろう母親のことを想像すると、結局は電話に出てしまいます。

母親が料理を持ってくることに対して彼女が拒否的なのは、母親が上がり込んで話し込み、なかなか帰ろうとしないことも大きな理由でした。

母親の話は決まって人の噂話や悪口や愚痴ばかりです。それを一方的に聞かされる彼女は閉口せずにはいられません。そのくせ、彼女に話したいことがあって話し始めても、途中で話の腰を折られたり、彼女が言う端から意見を否定されたりしてしまいます。

こうしていつの間にか話は母親のペースに戻っていき、母親が一方的に喋《しゃべ》り彼女が聞くという、いつものパターンに戻っているのでした。

◎心の葛藤は表情に表れる

この相談を受けたとき、私は彼女に、

「携帯に連絡してから来てほしいと伝えたとのことですが、もっと正確に言うと、どんな言い方をしたんですか」

と尋ねてみました。すると彼女は、「えっ？」とびっくりした顔をして、

「いつものように言っただけですが」

と答えました。その答え方には反発心が感じられて、彼女の耳には「責められている」ように聞こえているのだと知れました。

前述のように**「相手に従わなければならない。でも〝従いたくない〟」**という相反する思いがある場合、心の葛藤がそのまま、その人の態度や表情や言い方にも表れます。

もちろん私は彼女を責めるために尋ねたわけではありません。彼女と母親の普段のやりとりの一場面を詳細に点検することで、彼女自身に気づいてほしいことがあるからでした。

◎「何が起こっているか」を正確に把握、精査する

どうして母親とこんな関係になってしまうのか。どうすれば、もっと関係がよくなるのか。その方法を知るには、その前に、まず「何が起こっているか」を把握して、精査する必要があります。

このケースでは、たとえば「電話してから」と言ったとき、

- どんな状況になったときに言ったのか
- 正確には、どんな言い方をしたのか
- その口調はどうだったのか。穏やかに言ったのか、やさしく言ったのか。それとも、感情的になったり、怒るような言い方だったのか

というふうに、より正確な情報をつかむことが第一です。

具体的な場面を再現してもらうと、それは、次のような状況でした。

彼女がドアを開けると、母親がなだれ込むようにして入ってきました。

彼女はまるで、それを押しとどめるように母親の前に立ちはだかって、料理を受けとりました。

料理の受けとり方も、「母親はいつもこうやって断りなしにやってくる」という思いが働いていたので、仏頂面《ぶっちょうづら》で受けとったうえに、「ありがとう」の一言もありませんでした。

娘の喜ぶ顔を期待していた母親は、そのとき、仏頂面の子どもに対して、「この子はいつも、こんな態度をとる」という気持ちから、不機嫌な表情を返していました。

娘は料理を受けとると、それをガスレンジの傍に置きながら言いました。

「料理を持ってくるときは、家にいないかもしれないから、電話してから持ってきてって、前にも言ったでしょ！」

娘が母親に言ったのはそんな言葉だったのです。

◎ぶつかり合う「他者中心の思い」

先ほど私が彼女に尋ねた「伝え方」は、これが正確な言葉でした。決してやさしく「電話してから持ってきてほしいな」と言ったわけではありません。

しかもそう言ったとき、母親は彼女の背後にいました。

彼女がこんな状況を選んで言ったのは、決して偶然ではありません。

せっかく母親が料理をつくって、わざわざ持参してきてくれたのに。

連絡をしてから来てくれというのは、自分のわがままなんだろうか。

でも、自分の世界に強引に入り込まれているようで、言わずにはいられない。

感謝しなければならないんだろうけど、「ありがとう」とは言いたくない……。

そんな複雑な気持ちと、母親に対する後ろめたさも手伝って、視線も体も母親を避けた状態でしか言えなかったのです。

◎お互いが「不機嫌な表情」で思いを伝えてしまう

その伝え方の中には、

「私は無断で来られて不快なんだから、私の気持ちも察してよ」

という気持ちが表れています。

そのため母親は母親で、

「あなたのためにせっせと料理をつくって運んであげているのに、その態度は何よ！」

と言い返したい気持ちになっています。

結局、お互いが他者に求める「他者中心の思い」が言葉になってぶつかり合い、争いになっているのです。

お互いに不機嫌そうな表情や、相手を不快な気分にさせる態度で**「私の気持ちをわかってよ！」**と主張しているわけですが、両方とも同じ思いを抱いて相手を責めているのですから、わかり合えるわけがありません。

彼女たち母娘はずっとこんな感情的なやり方で、相手にわからせようとして争っては、かえって関係がこじれてしまう結果を招いていたのでした。

25 「まず、自分を優先する」と、決断しよう

◎言葉で通じ合える関係

では前項の例で、娘が母親に、こんな言い方をしてみた場合はどうでしょうか。

母親とちゃんと向き合って、正面から、

「いつも料理をつくってきてくれて、ありがとう。感謝しています。一生懸命やってくれるから、お母さんが傷つくだろうなって思って、実は言いづらいけれど、来るときは連絡してほしいというのが、私の率直な気持ちなんだ。

いきなり来られると、お風呂に入っていても、トイレに行っていても、眠たいときでも、〝もしかしたら来るかも〟なんて考えてしまって、気持ちが落ち着かないの。

体調が悪いときや疲れているときに、お母さんが料理を持ってきてくれても、素直には喜べないんだ」

こんなふうに言えれば、少なくとも、「私の気持ちを察してよ」という思いを抱きながら、お互いに不快な気持ちで接するよりはずっと効果的でしょう。

それに、こんな言葉で通じ合える関係が育っていれば、安心して自分の気持ちを伝えることができるでしょう。

◎共有する時間に「満足」を感じる

相手がちゃんと聞いてくれるという安心感があれば、いざ会話をしてみても〝満足度の高い会話〟になっていきます。これが、自分中心心理学で言うところの、**自分のために表現する「自分表現」**なのです。

言葉はシンプルなものですが、使い慣れていないと、もちろんすぐにこんな言葉が出てくるわけはありません。

ここでの例は、単に言い方の違いを比較するために挙げた表現です。ただ、少しずつでもこんな会話になっていけば、お互いの関係はよくなっていきます。「わかってよ」と一方的に相手に要求したり、感情や態度でそれを無理やりわからせようとするよりも、もっと理想的な方法です。お互いに話をしている、その時間そのものの中に「満足がある」ということがわかってくるに違いありません。

◎自分を守ることに罪悪感はいらない

もしかしたら、人によってはこれを「とても難しい」と感じるかもしれません。親子の間でそんな他人行儀な、と思う人もいるでしょう。

◉不快な気持ちを抱えて我慢するよりも…◉

相手と正面から向き合い、自分の気持ちを伝える。
言葉できちんと通じ合える関係を目指そう。

けれども、こうは考えられないでしょうか。親子であっても、お互いに相手を尊重すべきであるという点においては、他人との関係とまったく違いはありません。むしろ、自分にとって大事な人ほど「その人の気持ちや意思を尊重したい」ものです。

もしも相手がそんな扱いをしてくれなければ、それを相手に求めて争っていくよりも、自分自身が変わればいい。不要な我慢をせず、主張すべきことは主張して、自分を解放していこうと「決断する」ことです。

たとえばこの例では、親であっても「あらかじめ電話で連絡をして、私の同意を得てほしい」というのは〝正当な主張〟です。こうした主張は「自分を守る」という意味でも非常に大切です。

「親子なんだから」という甘えから、お互いの境界線を無断で侵し合うからこそ、争いになっているのだと、気づくべきでしょう。

人は誰でも、たとえ親子であろうと、自分の安全が守られているという安心感が土台にあってこそ心を開けるものです。

相手が自分の安全を保障してくれなければ、自分が安全を感じられる居場所を確保するために行動する。この「自分中心」の発想は不可欠です。

無断で自分のテリトリーに侵入してくる相手に「ノー」を言うことに、どうして罪悪感を抱く必要があるでしょうか。自分を守ることに罪悪感はいりません。

◎「まず、自分を優先する」と心に決める

この例のように、母と娘の生活の境界線は曖昧《あいまい》であることが多いものです。

母と娘、お互いが相手の境界線を無断で侵し合うことをやめていくためには、相手のことよりも、まず自分自身が「自分の気持ちを優先することを認められる自分になる」ことが先決です。

「自分を優先すること」を心から認められさえすれば、母親に、

「今日は疲れているので、ひとりでゆっくりしたいんだ。玄関で追い返すようで悪いけど、受けとるだけでよかったら、お願いするね」

というふうに、丁寧に断ることができるでしょう。

さらには、自分の気持ちを優先できるからこそ、

「届けてくれて、ありがとう。いつも助かっています。来週になったら時間が空くから、2人でショッピングに行かない？」

などと、肯定的な会話ができるようになっていくのです。

第6章

「自分を責める毎日」から卒業するレッスン

26 日常の「平凡な会話」に潜む親子の問題

◎小さな問題の積み重ねが、大きな問題に変わることもある

　大半の家庭では、ごく当たり前の日常が淡々と営《いとな》まれています。ただその中で、雨や風雪が岩や大地を削り、その景観を変えていくように、小さな出来事が大きな影響力をもたらす種となっていくことがあります。

　毎日の暮らしの中では、とりたてて気にとめない出来事ばかりです。しかし、「そんなこと、どっちだって、いいじゃないか」と言いたくなるような些細《ささい》な出来事に、実は人生を示唆《しさ》するものが隠れていて、その積み重ねが、大きな問題として次第に形づくられていくのです。

たとえば、父と母と娘の家族3人が、テレビを観ながら食事をしている場面があります。

娘は最近、仕事を辞めたばかりです。

娘が、テレビのチャンネルを変えていいかと聞いてきました。

父親が即座に「いいよ」と答えました——。

これは何の変哲もない、普通の家族の食卓風景です。

けれどもこの会話から、何通りもの家族の関係が推測できます。

◎家族はお互いに「過去の傷」を抱えている

もしもこの家族が**お互いを認め合った関係**であれば、他番組を観たいという気持ちが起こったとき、娘は両親に対して「チャンネルを変えていいかどうか」を、素直な気持ちで尋ねることができるでしょう。
それも「私はチャンネルを変えることを決めていて、単に合図として言っているだけ」というのではなく、父親と母親の同意を得るまで待とうとする気持ちのゆとりがあるでしょう。

けれども娘が親に対し、自分の気持ちを言うことを恐れているとしたら、たったこれだけの言葉すら伝えることができないかもしれません。

言うことができなければ、いきなり聞くこともなしに、番組を変えてしまうかもしれません。その中には、いつも自分のすることを心から認めようとしない両親への仕返し的な気持ちもあるかもしれません。

娘がふてくされた態度でそうすれば、父親か母親がここぞとばかりにとがめて、争いの口火を切ることになるでしょう。

このように、何の変哲もない家族の日常の中にも、大きな問題へと発展するかもしれない片鱗《へんりん》を垣間見ることができます。

◎「いいよ」と答えた父親をとり巻く事情

この場面では、父親が「いいよ」と答えています。このとき父親が、母親である妻を対等なパートナーとして認めているとしたら、

「僕はいいよ（でも、お母さんは、わからないから、お母さんにも聞いてほしい）」

という気持ちで「いいよ」と答えるでしょう。

一方で、もし父親である夫が、普段から母親である妻の気持ちを無視しているとしたら、父親は自分の権限だけで「いいよ」と答えているでしょう。

同じ言葉を発しているにもかかわらず、この場面に父母として、あるいは夫婦としてのまったく違った関係が現れるのです。

母親である妻もまた、普段から妻あるいは嫁という理由によって、我慢して夫に従っているとしたら、そもそも娘が夫でなく自分に「同意を求めている」とは思わないでしょう。最初から、自分は無視されている存在だと解釈し、「チャンネル変えていい？」という問いが自分に向けられているとすら考えないかもしれません。

そしてこれらの関係は言葉の文字上には表れていなくても、態度には表れてし

まうものです。その態度が問題に発展する可能性があることは、言うまでもありません。

◎相手の「気持ち」を推し量れば……

さらに、もしここで娘が、チャンネルを変えていいかと、心から相手に同意を求める気持ちで聞いているのなら、その気持ちを推し量って、

「この番組を観たいんだ」

と両親のどちらかが答えれば、それに応じることもできるでしょう。そして母親が、

「この番組、ずっと楽しみで観ているのよ」

と答えれば、

「じゃあ、これが終わったらいい？」

というふうに、そこから新たな会話が発展していくでしょう。

◎家族がお互いに関心を持つこと

親子３人でテレビを観ているという、こんな小さな場面でも、
・娘は、どんな気持ちで「チャンネルを変えていいか」と尋ねているのか
・父親は、どんな気持ちで「いいよ」と答えているのか
・母親は、どんな気持ちで、それを聞いているのか
それぞれの「気持ち」を意識しながらコミュニケーションをとることにより、それぞれの３人の関係は変わってくるのです。

さらにこの例では、娘は仕事を辞めたばかりです。
どうして娘は仕事を辞めたくなったのか。
それに対して、両親は、どういうふうに思っているのか。
娘が仕事を辞めたことへの、父母の感じ方によっても、また関係は変わってき

ます。もしも娘が、仕事を辞めたことでいつも家にいて、居心地の悪さや居場所がないという気持ちになっているとしたら、それが親子の関係に現れることでしょう。

あるいは、にわとりが先か卵が先かのような話ですが、娘が会社を辞めたくなってしまった遠因も、そんな親子関係にさかのぼれるかもしれません。

27 いくら注意されても、片づけられない娘

◎お互いを認め合う関係

前項のように、たとえ小さな出来事であっても、その積み重ねによって大きな問題へと発展していく可能性を秘めています。なぜなら、大きな出来事も小さな出来事も、もともと出所が同じだからです。

その出所の最も大きな要素は、「お互いを認められるかどうか」です。

「お互いを認め合う」ことは、次のようなお互いの「自由」な関係で可能になります。

相手がどういう考えを持っていても、自由。

どういう行動をしても、自由。

どういう生き方をしようが、自由。

もちろん、その自由には責任が伴うし、また、どんなに自由であってもそれが相手の自由を侵害するものであってはならない、という前提があることは言うまでもありません。

言うのは簡単ですが、実行するのは難しい。しかし、前述したような**自由を相手に認められていないからこそ、親子の間にさまざまな問題が起こっているの**です。

親は親なりに、子どもは子どもなりに、問題を解決しようとしてきたことでしょう。ですが、問題を解決しようといくら頑張っても解決できないとしたら、その「解決方法」が適切ではないと言わざるを得ません。

これまで生きてきた人生の中で、自分のやり方で問題を解決してきたという自負がある人もいるでしょう。その方法が必ずしも「間違っている方法」だとは言いません。が、他の状況でうまくいった方法が、いま現在向き合っている問題に対してはうまくいかないということはいくらでもあり得ます。

　ましてや、相手は家族です。これまで何度か述べてきたように、子どもの言動パターンは、その多くが親から学んだものです。もし、相手の言動に問題があるからといって、それと同じ言動パターンで相手の言動を正そうとしても、うまくはいかないでしょう。むしろ、そうすればそうするほど、悪化していく可能性のほうが高いかもしれません。

　ですから、家族との問題がどうしても解決できないのであれば、いちど自分の「解決方法」を振り返ってみて、「認めるべき相手の自由」を、自分が〝心から〟認められているかどうかを考えてみてください。

◎「片づけられない自分」は、責められるべき存在か

「母親に片づけができていないことを言われても、それができない自分が情けない」

と自分を責めている女性がいました。

「片づけなければいけないとわかっているし、自分が悪いのだから、言われるのは仕方がないんです。でも、なぜかやれないんです。しなくちゃいけないってわかっているんですけど、できないんです」

それでもやろうとしない彼女に、母親はこう言います。

「いまから1時間でもすれば、すぐに終わってしまうんじゃないの」

こんなふうにも言います。

「どうして毎日やらないの。毎日やれば5分で済んでしまうことじゃないの」

彼女は母親からそう言われると、

「私が悪いのだから、言われるのは仕方がない」

と思っています。果たしてそうなのでしょうか。

◎「過干渉」がやる気を奪う

母親と彼女の関係で言えば、彼女が「片づけられない」ようになってしまったのは、子どものころから母親に、そういうふうに**過干渉的に言われつづけてきた結果**だと言えるでしょう。

本来、私たちは、汚いものは片づけて綺麗にしたいという気持ちを持っています。

その「綺麗にしたい」という欲求をベースにして着手し始めれば、その過程で、体を動かす心地よさや汗を流す爽快さを知ります。

また、片づけるにつれて次第に綺麗になっていくプロセスを確認することも、気持ちがいいものです。

片づけ終わった後の達成感もまた、格別です。

けれども、絶えず、

「片づけなさい。まだ、片づけていないの。どうしてやらないの。毎日片づければ、こんなにたまったりはしないはずでしょう。たったこれだけのこともやれないの？　まったくあなたって、どうして、いつもこうなのよ！」

などと責められ、否定されていれば、どんな気持ちになるでしょうか。

「あんたの言うことなんか、聞くもんか！」という気持ちにもなるでしょう。

あるいは、親の言うことに従って片づけたとしても、渋々だったり、イヤイヤだったり、腹を立てながらやることでしょう。

◎身体が思うように動かないのは、心が疲れている証拠

何が何でも従わせられるとしたら、反抗的な気持ちや仕返し的な気持ちが湧いてきて、無意識に、困らせてやれ、イライラさせてやれという気持ちが働くものです。

言われても動かないというときには、そんな心理が働いているのです。

もちろん、やりたくないうえに、自分の気持ちや意思を尊重されず、無視されて〝やらされる〟のだとしたら、楽しいわけがありません。

また、「片づけなさい」と言われても〝なかなか身体が動かない〟としたら、

◉文句を言われるほど、片づけるのがイヤになる◉

繰り返される小言の数が増えれば増えるほど、言われた側はやる気をなくしていく。

自分が自覚している以上に心が疲れている証拠です。

身体が何もしていなくても、心は疲れるのです。

矛盾したことを考えて頭の中で葛藤したり、自分を叱咤激励したり、自分の欲求を抑えたり。自分と戦っては罪悪感に駆られたり。他者に囚われて、あれこれ考えて、心の中で相手と戦ったり、責めたり、罵倒《ばとう》したり、憎んだり、恨んだり。

さらには、過去を悔やんだり、未来をおもんぱかったり、不安になったり、焦ったり――。

どうでしょうか。こんなふうに読むだけで、疲れてきませんか。

そう。そんな千々《ちぢ》の思いで心はヘトヘトに疲れ果て、動きたくなくなっている状態なのです。

28　「どこが悪いか」でなく、「どうすればよくなるか」

◎「正論」で自分を責めてはいけない

自分を責めつづける人は、決まってこう言います。

「でも、親が言っていることは正しいんです」

片づいていないことを指して「片づけなさい」という言い分は、一見〃正しい〃ことのように感じます。

頭で考えると、確かにそれは「正論」です。

けれども、その正論を、額面通り受けとってしまうと、

「相手は、正しいことを言っている。だから、それができない私はダメな人間」

というふうになってしまうでしょう。

「正しい」という正論と自分を比較すれば、ありとあらゆる人が「私はダメだ」になってしまうはずです。

- 争ってはいけない
- 愛し合わなければならない
- 人にやさしくしなければならない
- 友人知人を大事にしなければならない
- 親を大事にしなければならない
- 親の老後の面倒を見なければならない
- いつも明るく、前向きでなければならない
- 物事は、テキパキとこなさなければならない
- 部屋はいつもきれいに整理整頓し、掃除していなければならない

こういった正論を掲げて**「正しく在《あ》れ」**と迫られ、それがすべてできているかと問われれば、誰ひとりできている人はいないでしょう。誰ひとりとして「正し

く在る」ことができないにもかかわらず、正論を振りかざすこと自体に無理があるのです。

奇妙だと思いませんか。

だから子どもたちは、親の言うことに渋々従っていたとしても、心の中でこうつぶやくのです。

「自分だって、やっていないくせに。自分はしようとしないくせに」

◎では、何が問題なのか

「言っていることが正しいかどうか」が問題ではないとしたら、いったい何が問題なのでしょうか。それは、前項の例で言えば、親が「片づけなさい」と一方的に言いつけて、自分の言うことに従わせようとしていることです。

それは子どもの視点から言うと、親が自分の気持ちや意思を認めようとせず、**「正論」を振りかざして、一方的に自分の自由を侵害してくる**ということなのです。

正しければ、怒鳴ってもいい、叩いてもいい、殴ってもいいということではありません。肉体的な暴力を振るわれれば、痛いからすぐにわかります。

ところが精神的な暴力については、日ごろからそれを受けつづけて当たり前になってしまっていると、それが不当なことだということに思いが及びません。

昔は、教育という名のもとに「親に逆らったら、ビンタを張ってでもただす」ということが日常的に受け入れられていた時代もありました。そして、そんな方法をいまだによしとする、時代錯誤の親もいます。

肉体的な暴力はともかく、一般的な生活の中で「悪いことをしたら、怒鳴られても仕方ない。罵倒されても仕方がない」と、精神的な暴力を受け入れてしまっている人は、いまだに多いのではないでしょうか。

心を束縛されてしまっている人たちは、親の主張が「正しいかどうか」に惑わされて、みずから自由を明け渡してしまっています。これはまったくの捉え違いです。

◎「どこが悪いのか」を問題にする必要はない

仮に何か問題があったとしても、罵倒せず、怒鳴らずに、もちろん殴ったりせずに、それをただすことはできます。

たとえば食卓で、あなたはバッグの中身を取り出して、携帯や本や手帳や財布を置いたままトイレに行きました。

母親がやってきて、その食卓を見たとき、遠くから、

「どうしてこんなところに、こんなもの散らかしているのよ。もうすぐ食事だって、わかってるでしょ。さっさと片づけなさいよ。もう、いっつもこうなんだから、この子は！　何度言っても聞かないんだから、まったく！」

と悪しざまに叫んだとしたら、どんな気持ちでしょうか。

その一方で、先と同じ状況で、あなたがトイレに行って戻ってきたときに、母親は、

「もうすぐ食事だから、テーブル片づけておいてね」

こんな言い方をすることもできるのです。どちらが素直に片づけたくなるか、言うまでもありませんね。

この状況で大切なのは、**あなたのどこが悪いのかではなく、どうすればテーブルの上が気持ちよく食事ができる状態になるか**です。母親は、その方法を提案するだけでよいのです。

そしてさらに、あなたが片づけたときに母親が「ありがとう」と言ったならどうでしょうか。仮にそのとき、あなたの心の中に少し反抗的な気持ちがあったとしても、その心も緩むのではないでしょうか。

29 母親はなぜ、こんなに小言を言うのか

◎正論の裏に隠れた「無意識の目標」

どうして正論を振りかざしてきつく言ってくるのか。そこには、自分がはっきりと自覚できるものとは異なる「無意識の目標」があります。それは、**「人と接していたい」という欲求**です。

裏を返せば、私たちは「孤独になる恐怖」を抱えています。孤独に陥ってしまうと、生きていることすら価値がないように感じてしまうでしょう。

とりわけ親は、気力的にも体力的にも老いを意識していて、孤独になることを恐れているでしょう。

こんな根源的な恐れも加わって、子どもに依存していたいと思ってしまうのです。「他者中心」の親ほど、「親のため。舅《しゅうと》、姑《しゅうとめ》のため。配偶者のため。子どものため」と、人のために生きてきたために自立心が育っていません。誰かに頼っていないと生きていくのが怖い、と思うほど依存的です。

その目的を達成するために、「子どもに小言を言って優位に立つ」という方法で、子どもに依存しようとするのです。

もちろん、**親は自分にそんな依存性があるなどとは露《つゆ》ほども考えません。**子どもより優位に立っているという思いがあれば、なおさらでしょう。

多くの問題の根本は、ここにあります。

◎親は孤独を恐れている

しかし、ここを理解できれば、親子で抱えている問題のかなりの部分は解消してしまうはずです。

親が感情的になって子どもと争ってしまうのは、「正しい、正しくない」の正論を主張しているわけではなくて、

「私は寂しい。孤独になるのが怖いから、こんな形でコミュニケーションをとっていたほうが、安心できるんだ」

と言っているだけなのです。

ですから、親の小言に子どもが感情的になって反応すればするほど、「小言を言えば、子どもが反応してくれる。よかったあ。子どもが反応する間は、私は見捨てられることもないし、孤独になることもない。ああ、安心、安心」

というふうに、親の「目標」は達成されていくのです。

寂しくなったり、退屈したり、何となく苛立ったり、気分がふさいだときでも、子どもに小言を言えば反応してくれる。

こんな体験を積み重ねていれば、どうして小言をやめることができるでしょうか。ましてや子どもが小さいときは、小言を言わなくても「自分に従ってくれ

た」という経験もしています。親が小言を言うのをやめるのが「いかに困難であるか」が理解できたのではないでしょうか。

◎否定的なコミュニケーションで心が満たされることはない

親子がお互いに感情的に相手と関わっているときは、たいていの場合、「正しい、正しくない」について言い争っているのではありません。

「関わること」が、真の目標になっているのです。

ですから、関わるための材料は何でもいいのです。

小言が「子どもが自分に反応してくれる唯一のアイテム」だとしたら、どうしてそれを捨てることができるでしょうか。

ゴミが部屋にひとつ落ちていても、小言の材料になります。ドアを開けっ放しにしていても、電気を消し忘れても、水道の水の使い方でも、食事の食べ方でも、何でもいいのです。

母親の小言に娘が反応して「正しい、正しくない」で反目し、相手をわからせようとすればするほど、親子の「関わり」はエスカレートしていくことでしょう。

否定的なコミュニケーションをとりつづけることの最大の弊害は、どんなに深く関わり合っても、どんなに長時間関わり合っても、決して「心から満たされることがない」という点です。それどころか、お互いに傷つけ合うので、いっそう感情的なしこりが大きくなっていきます。

心の奥底では「満たされる」ことを求めているのに、否定的なコミュニケーションでは、余計に満たされません。**満たされない。満足しない。スッキリしない。そんな感情を引きずってしまうため、また相手に近づいては感情的になって衝突する……。**

こういうふうに、さらに濃密に、過激に争う悪循環になっていくのです。

30 「傷つかない方法」を選ぼう

◎「私を傷つけない。私を守る」

親と子で言い争いになれば、結局は、両者とも自分自身を傷つけることになります。

子どもとしては、「親はわかってくれない」と思うほど余計に言いたくなってしまいます。親が否定したり反撃してくれば、さらにもっと言いたくなるでしょう。

けれども、そんな関わり方を繰り返していれば、

「誰よりも自分自身が、傷ついてしまうだけだ」

ということを、しっかりと自覚すべきです。

結局、親はわかってくれない。争う関係は変わらない。その事実を目の当たりにしたときに子どもは傷つきます。そうして自信をなくした子どもは、誰かにすがっていたい、依存したいという気持ちを募らせていきます。

けれども本来、親にわかってもらうことよりも、「私を傷つけない。私を守る」ということのほうに目を向けるべきです。これが、最も重要なことなのです。

◎親の投げた球を受けとるかどうかは、あなた次第

では、自分を傷つけないために、子どもは親とどう接したらいいのでしょうか。

大切なのは、

「小言になっていきそうな気配を感じたら、それに応じない」

ということです。

親が小言という球をあなたに投げました。いつも、そんなやり方で球を投げてきます。あなたがそれを受けとれば、いつものパターンで、自分を傷つけてしまうことになります。

自分を傷つけるかどうか。仮に親があなたを傷つけることを目標にしているとしても、それに乗るかどうかは、あなた自身が自分で決めることができます。

親の投げた球を受けとるかどうかは、あなた次第なのです。

「傷つかない」という選択をできるのは、あなた自身なのです。

◎「傷つかない方法」を選択するコツ

もしかしたら、そのときあなたは、親が投げてきた球を無視して受けとらないことで、いつものように「罪悪感」に襲われるかもしれません。

けれども、そもそもお互いが認め合うためには**「自分のことは、自分でやる」**

が基本です。あなたはただ、傷つかない方法をとるだけでいいのです。

たとえば、先のテーブルの例で言えば、食卓は「共同で使用する場所」です。

ですから、子どもにもテーブルを使用する権利はあります。

ただし、使用したら元通りにしておく「責任」があります。

自分自身がその権利を行使して、テーブルを使用するのはいいのですが、自分の持ち物を放置しておくのは「責任をとっていない」ことになります。

もし、自分のバッグの中身を出したままにしておきたいと思うのであれば、自分の部屋で開ければいい、ということになるでしょう。

自分の部屋は、あなたが自由に使用する権利を与えられた場所と言えます。

自分の権利の範囲の中で、他者に迷惑をかけない限り、自分の部屋をどう使おうが自由ということになります。

つまり、自分の部屋であれば、バッグの中身を出して放置していても、中身をばらまいていても、「それは自由」ということになります。

ですから、バッグの中身を出したまま片づけるのが面倒であれば、まずやるべきことは、最初からバッグを自分の部屋に持っていって、テーブルではなく、自分の部屋で開ければいいのです。

◎「罪悪感」を持たずに主張すべきとき

ところがあなたが、自分の部屋でバッグの中身を散らかしていると、母親がいきなり入ってきて、

「片づけなさいよ！」

と小言を言ってきました。

でも、あなたの部屋の範囲においては、あなたが自分の部屋をどういうふうに使おうが自由です。きれいに使用しようが、汚く使用しようが、自由なのです。

それよりも、母親が、あなたの部屋に無断で入ってきたことが問題です。

あなたの部屋に入るには、あなたの許可が必要なはずです。

ですから、本来あなたは罪悪感なしに、

「これからは、私の部屋に無断で入ってこないで。お掃除もしないで。部屋に入るときは、ちゃんとノックして、私の同意を得てからにしてください」

と主張することができるのです。

◎自分を守るために行動することの大切さ

もしあなたがまだ、そんなことを親に言えないとしても、**「お互いを認め合う」とはこういうことなのだ**と自覚することは、非常に大切です。

この自覚をはっきりと持つだけでも、あなたの自分を責める分量が減り、親の小言に乗っていかずにいられる自分になっていきます。

どうしてでしょうか。

それは、「私が、自分を傷つけないため、自分を守るために行動する」という、**自分を大事にする意識が育つ**からなのです。

実際に、こんな意識が育てば、親の小言に乗っていく回数も分量も、驚くほど減っていくはずです。

そしてこんな発想で、あなたが一度でも親の小言に乗っていかずにいれたら、「ああ、よかった。私は、私を傷つけないでよかった。自分を守れてよかった」と、そんな自分を評価してほしいのです。

するとあなたは、「自分を傷つけないこと、自分を守ることのほうにこそ、大きな満足があるのだ」と、気づくに違いありません。

31 「言い争い」から降りてみよう

◎言い争いになる会話、ならない会話

親子で言い争っていると、その争いが絶え間のない、やり切れないものに思えてくることでしょう。腹を立てながら我慢していれば、なおさらです。

しかし実際のところ、日々の会話には、争いにならずに済む会話と、争いになってしまう会話の両方があります。

これは親と話をしているときによく観察してみると、気づくはずです。

たとえば、母親と、

「今日は、あのスーパーで特売品が買えて得したわ」

といった世間話や、

「近所のAさんとBさんが、こんな話でトラブルになっているみたい」

といった噂話であれば、争いになることはないのだと気づくでしょう。

しかし、会話の中身に自分たちが登場すると状況は変わります。

「前に言ったでしょう。なんでわかってくれないの？」

「私が何をしようと、私の勝手でしょう。文句言わないで！」

などと、話が「わかってほしい」モードや「干渉しないで」モードになることで、言い合いになってしまうのです。

◎話の内容の見極めが大切

こんな具合に、会話には、争いにならないテーマと争いに発展しやすいテーマがあります。自分を傷つけないためには、その見極めが大切です。

それは話の内容が**「自分が傷つかないでいられる範囲」**かどうか、ということです。

もしその境を見極めることができれば、

「親との会話はAの範囲での話は安全だ。けれども、Bの話になると結局、自分が傷つくことになる。だからBの話をするのはやめよう」

と、決断することができます。

◎言い争いで、寂しさは増幅していく

実際に、こんな方法を実践したある女性が言いました。

「寂しいとつい、誰かわかってくれる相手がほしくなって、争いになるとわかっているのに母親に話しかけてしまうんですね」

けれどももとをただせば、そんな寂しさを抱えてしまうのは、そうやって争うことで「自分を傷つけてしまう」せいだとも言えるのです。

たとえば自分がいま「1」レベルで寂しいと感じた。そのとき、自分をわかっ

てほしいという気持ちからそれを相手に求めて、争い、傷つけ合ってしまった。その結果、「10」レベル寂しくなった……。

この繰り返しで、結局は寂しさが「100」レベル、「1000」レベルと増えていく、ということにもなるのです。

あるとき彼女は、会社の同僚に対する悩みをつい、母親にこぼしてしまいました。

母親は、彼女の話を聞いて、

「そうだったの。そんなことがあったの……。だから元気がなかったのね」

などと、彼女の気持ちを汲んだ言葉を返すことができません。

それでいつものように、

「そんなふうに受け止めるからダメなのよ。あなたのほうが後輩なんだから、先輩を立ててあげたらいいじゃないの」

などと、彼女の気持ちを逆なでするような言い方をしてきます。

◎いったん、争いから降りてみる

このとき彼女は、会話の途中で、

「あっ、いつものパターンになりそうだ。このままいくと、また口論になっていって、自分自身がもっと不愉快になってしまう」

と気づきました。

ああ、そうだった。母親に自分の気持ちを〝わからせる〟ことはできない。母親に理解してもらえる範囲の話ではなかった。

このまま話をしていたら、自分がもっと傷ついてしまう。自分を守ることのほうが大事だ。

そのために、「この話を、どうやって終わりにしようか」と彼女は考えました。

自分を傷つけないために、この話題はここで終わりにしよう。

そのとき思い浮かんだのが、

「あ、そうだね。少し考えてみるね」

という答え方でした。彼女のほうで、いったん争いから降りてみたのです。

◎世代の違う親と、話が合わないのは当たり前

いまの社会の進歩を見てください。誰もがスマホやタブレットといったデジタル機器を使いこなせるのが当たり前の社会になってきています。

けれども、かつてはアナログの黒電話の時代でした。

いまでこそカウンセリングという言葉も抵抗なく使っていますが、昔は、心理療法そのものが一般的ではありませんでした。〝心〟に目を向けるための情報もなく、〝個〟としての存在を尊重する時代でもありませんでした。

あなたの親は、そんな時代に育った人たちです。

現在とは、まったく異なる環境だったのです。

まったく異なる環境に育った人同士は、共通の経験がない限り、お互いを理解することはできません。

あなたがどんなに「私の気持ちをわかってよ」と叫んでみても、親にしてみれば、理解不能なただの「理屈」を言っているようにしか聞こえません。

そんな親のほうが圧倒的に多いのです。

◎自分から争いを終わりにする「誇らしさ」

理解できないことを親に求めても自分が苦しくなるばかりだ、と納得した先の彼女は、はじめて「自分を傷つけないため」に、争いから降りるということを実践してみました。

結果は、自分の予想をくつがえすものでした。

彼女は当初は「自分から争いをやめるなんて、負けたも同然で、悔しくてたまらないだろう」と予測していました。

ところが、そうではなかったことに驚きました。とても誇らしい気分なのです。

いつもなら、母親の言動に乗って、一緒になって争っていました。いままで彼女は、どうしてそうなってしまうのか、どうすればいいのかがわかりませんでした。

けれどもいま、その方法がわかって、

「自分のほうから争いをやめることができた。それがこんなに誇らしいなんて、思ったこともありませんでした」

と感動しています。

これまでは、親が自分に理解を示してくれさえしたら、満足するのだろうと思い込んでいました。けれどもそうではなくて、

「自分が自分を満たしてあげることのほうが、早道だったんですね」

とわかったそうです。そしてこう言いました。

「これが自分を愛するってことなんだと、いま、〝実感〟できました！」

第7章

母と娘が「自分の人生」を生きるために

32 病気がちの母親からの「悲痛」な電話

◎同情の支配

親子関係で最も悲痛な状況になりやすいのは、私が「同情の支配」と呼んでいるものです。

あなたが子どもの目で「親がかわいそう」と感じてしまうとしたなら、それは「同情」という名で支配されている可能性が高いでしょう。

同情の支配で最も手強いところは、それを拒《こば》むと「強烈な罪悪感に襲われる」ということです。その罪悪感が「愛」から生じるものだと勘違いし、ともすれば振り回されてしまっている人は多いのではないでしょうか。

あるひとり娘の女性は、結婚しても、実家の両親のことが気になって仕方がありません。とくに、母親は病気がちなため、側にいてあげられないことに気がとがめているのです。

彼女は、実家から車で20分ぐらいのところに住んでいます。

この前は、こういうことがありました。

「今日、外に出ようとしたら玄関で転んでしまった。痛くて、立っているのもつらいのよ。夕食の材料がないんだけど、お父さんは買い物に行ってくれない。ひとりでは買いに行けないから、来てよ」

などと、母親がまるで〝いまわの際〟のような悲痛な声で電話してきたのです。

とるものもとりあえず、彼女が家を飛び出して駆けつけると、母親は「なに、そんなに慌てふためいてるの」という感じの顔で彼女を迎えて、

「あらあ、来たの？」

と明るい声で答えました。

一瞬、彼女は狐につままれたような気分になって「えっ……」と絶句してしまいました。さっきの瀕死《ひんし》の声は、いったい何だったんだろう。気をとり直して、

「なによお。あんな声を聞いたら、誰だってビックリするじゃない！」

すると母親は、

「だって、そうでもしないと、あなたはすぐに来ないでしょう」

そんな返事を聞いた途端、心の奥底から猛烈な怒りが湧き上がってきました。けれども、ここで彼女が怒りを爆発させれば、また争いになってしまいます。いままでに何度そんな争いを繰り返してきたか。

◎「罪悪感」で相手をつなぎ止める

争うことにも疲れていた彼女は、かろうじて怒りを抑えつつ、一触即発の気分で母親と一緒に台所の片づけをしていると、

「この前はね、頭が痛くて寝ていたら、お父さんがね、私の枕元にやってきて、なにサボってるんだって言うのよ」

などと、いつもの愚痴が始まりました。

「ああ、また、延々と愚痴を聞かされるのか……」

いつ終わるとも知れない母親の愚痴の嵐に辟易《へきえき》してしまった彼女は、とうとう、

「そんなにイヤだったら別れればいいじゃない！」

と怒鳴ってしまいました。

そして、そのままの勢いで、

「どうして別れないのよ。（別れなかったのを）私のせいにしないでよ！」

と叫んでいました。

こんな母親に振り回されて、もう、彼女は疲れ果てていました。

それでも、母親から電話がかかってくると、無視することができません。

「もう、うんざりだ。もう、まっぴらだ」

と心の中で腹を立てながらも、母親を放っておくと、今度はものすごい罪悪感が押し寄せてきます。そしてまた親に呼ばれると、行かずにはいられないのでした。

こんな**「同情と愚痴と罪悪感」で相手をつなぎ止めようとするやり方を**、「同情の支配」と呼んでいるのです。

33 子どもが母親に尽くすのは「当然のこと」なのか

◎母親は「やってもらうこと」に慣れていく

ある相談者は、カウンセリングの際に、

「私の母親は、どんなに世話をしてあげても〝ありがとう〟の一言も言わないんですよ」

と訴えました。

「この前も、腰が痛い、足が痛いというので、マッサージしてあげたんですね。でも、ありがとうと言うどころではありません。ずいぶんやったので『もう、これぐらいでいい？』と言って終わりにしようとすると、『まだ痛い、全然よくならない』なんて言うんですから、あきれてしまいます」

必死になって親を助けている人たちにこう言うのはためらわれますが、それは**「当たり前」のこと**なのです。

どうしてでしょうか。

ひとつは、子どもがやってあげればあげるほど、母親は「やってもらうこと」に慣れてしまうからです。親によっては、子どもがそうするのは「当然だ」と思っている人さえもいるでしょう。

◎「私は少しも報われていない」

私は大変な思いをして家族を支えてきた。夫のわがままに耐えながら、ちゃんと夫のメンツを立ててきた。苦労しながら子どもを育ててきたんだ。それなのに、私は少しも報われていない――。

そんな思いが強い親ほど、「ありがとう」と言えるような心境にはなっていないでしょう。

夫にも親戚にも言われたことがないのに、どうして私ばかりが「ありがとう」と感謝しなければならないんだ。私のほうこそ感謝してもらいたいもんだ――。我慢して、苦労して生きてきた親ほど、こう思うものなのです。

自覚はなくても、「どんなに頑張っても報われなかった」という、無念の気持ちを抱えていることでしょう。

◎繰り返される「マイナスのトレーニング」

「同情の支配」をしてしまう親たちが、子どもに対して感謝の気持ちを口にしないのは、もともとマイナスの感情に意識の焦点が当たっているからです。

言うなればそれは、毎日の生活で、マイナスの出来事や場面に注目して強く意識するトレーニングをしているようなものです。

絶えずマイナスの出来事や場面に意識の焦点を当てていれば、当然のことながら、自分の中のマイナスの気持ちの分量が日増しに多くなっていくでしょうし、さらにはマイナスの気持ちに対する感度も高くなっていくでしょう。

それに反して、プラスの出来事や場面に意識の焦点を当てる機会は減っていくため、プラスの気持ちに対する感度は鈍くなっていきます。

実はその親にしても、つらい状況ではあるのです。おそらくはその親自身もまた、いくら尽くしても感謝されない環境に育ったため、自分の子どもにもそれを繰り返してしまっている……。

いまだに**親自身がその親の影響から抜け出せずにいる**のです。

◎「不幸の連鎖」を食い止めるために

人はどんなに歳をとっても、置き去りにしてきた心をとりもどしたいと希求しています。けれども、それを「とりもどす方法」を知りません。

自分の満たし方がわからないために、満たされない心を抱えつつ、

「私を満たしてほしい。満足させてほしい」

と、いまになってそれを、自分の子どもに要求してしまうのです。

ところが仮に、子どもがどんなに親に尽くしてあげたとしても、親の心には不満が募ります。それは、「満たされている」という**満足感の感度の低さや乏しさ**が親のほうにあるからだと言えるでしょう。

ですから子どもとしては、そんな「不幸の連鎖」を食い止める必要があります。

「あっちが痛い、こっちが痛い。つらい。苦しい」という同情で子どもを支配しようとする、親の「無意識の策略」に気づいて、それに乗っていかないように気をつけましょう。

そうしないと、自分自身もまた親と同じような運命をたどり、親子三代、同じ言動のパターンで動くことになります。そして、そのパターンが世代を経て巧妙になっていけばいくほど、悲劇も大きくなっていくことでしょう。

34 「かわいそうな親」に育ててきたのは子ども自身

◎子どもの幸せを許さない、親の恐怖心

この「同情の支配」は、親ばかりでなく、とりわけ子どもにとって有害です。それは子どもが「自分のために生きようとすると、激しい罪悪感に襲われる」からです。

たとえば親が体調不良や病気を楯《たて》にすがってくれれば、子どもは手も足も出ません。罪悪感という武器を親が振りかざしてくれば、それを断ち切ることができません。自分のために生きようとしても、かわいそうな親を見捨ててしまうような、そんな罪悪感に襲われて、その波に逆らうことはできないでしょう。

子どもが自分のために生きる。子どもが自分の欲求をかなえる。子どもが自分のしたいことを目指して努力する。本来、親にとってこれは祝福したいことです。

子ども自身もそんな自分に誇りを感じ、歓びを持てるのが自然でしょう。

「子どもが幸せになってくれることを、心から願っている」とは、多くの親が口にするところです。

それを嘘だとは言いませんが、実際には「同情の支配」で子どもの幸せを妨げてしまう親が非常に多いと言えるでしょう。

それは、多くの親が、無意識のところで**「子どもが自立すれば、自分は見捨てられる」**と思っているからです。そんな無意識の恐怖が、子どもの幸せを願う気持ちを上回ったとき、「同情の支配」をしようとしてしまうのです。

一方、「親が願うのは子どもの幸せ」と言いつつも、「親が理想とする子どもの幸せ」を子どもに押しつけようとする親もいます。そして、もしも子どもが親の理想から外れるようなことがあれば、子どもに罪悪感を覚えさせようとするのです。

◎罪悪感の恐ろしさ

罪悪感を強く刷り込まれると、無意識のうちに「幸せになったら困る」と考えてしまうようになります。なぜなら、罪悪感というのは「自分で自分を罰しようとする意識」だからです。幸せになってしまうと、自分を罰することができないのです。

ですから、罪の意識を抱いている状態と幸せな状態は両立できません。罪悪感が強い人は「自らが幸せになることが許せない」のです。

「同情の支配」の最もやっかいなところは、同情の支配をする人の心の中に、**「物事がうまくいったり、よくなったり、改善されたりするのは困る」**という意識が隠れていることです。自分が幸せになってしまえば、同情で気をひくことができなくなって、「同情の支配」を続けることができません。そして、相手に自立心が芽生え、幸せになろうとすれば、支配ができなくなるということは言うまでもないでしょう。

つまり、「同情の支配」が言動パターンになってしまった人は、目先の満足感のために、自分も相手も不幸せになるようにと無意識のうちに願ってしまうのです。

◎愚痴を聞くことは親のためにならない

さらに、親は「愚痴をこぼしながら不幸せである状態をつづけてしまう」ということがあります。その理由は、子どもが親の愚痴を聞いてあげるからです。

これは、親子だけではありません。友人、知人、職場の仲間、夫婦、恋人……、すべての人間関係に当てはまることです。

相談のつもりが、愚痴になってしまっていることもあります。

自分の問題として本気で相談をしているときは、相談者自身に、その問題を解決していきたいという姿勢が窺えます。けれども、愚痴にそれはありません。

どうしてでしょうか。

それは、**愚痴というものが「相手に聞いてもらう」という目標を持っているため**です。つまり、人は愚痴を聞いてもらうことで人とのつながりを求めているのです。

そのために、愚痴を言う人は依存心がとても強くなります。ひとりでは生きていけないと思い込むので、いつも誰かに側にいてほしいと願います。

◎親孝行をしているつもりが、親不孝に……

そうして無意識の中で、こう考えます。

「愚痴を言えば、この人は私とつき合ってくれる。私の側にいてくれる」

そう信じてしまうと、今度は愚痴を言うための材料が必要です。そこでさっそく、愚痴の種を探す。それが高じれば「愚痴を言う種がたくさん転がっている哀れな人生」でなければならなくなり、どんどん不幸の道を突き進む——。こんな堂々巡りの迷路に踏み込んでいってしまうのです。

このように、延々と愚痴を言いつづける人は、無意識のところで、自分の抱えている問題が「解決してもらったら困る」と思っています。

そんな親の愚痴に子どもがつき合ってあげているとすれば、皮肉にも**「かわいそうな親に育てているのは子ども自身」**ということになるでしょう。

うがった見方をすれば、「いつも、いつも愚痴を聞かされるのはたまらない」と思いつつ我慢しながら愚痴を聞いてあげることで、子どもは親孝行しているつもりが、親不孝をしていることになるのです。

いま「同情の支配」に入り込んでしまっている進行中の人は、ここをしっかりと、肝《きも》に銘《めい》じておいてほしいものです。

35 我慢する母親の娘は、我慢する人間になる

◎仕方なしの行為には、愛情が存在しない

もうひとつ、例をご紹介しましょう。

我慢しながら親の面倒を見ている女性がいました。彼女は、「いつも面倒を見させられて、損な役割ばっかり自分に回ってくる。嫌で嫌でたまらないのに、やらなければならない」というような否定的な気持ちを抱えています。そして、そんな気持ちで面倒を見ているために、相手にもそれが伝わります。

けれども私たちが本当にほしいのは「愛情」です。仕方なしの行為には愛情が

ありません。だから当然、尽くされているほうは満足できません。

これは親子関係だけではありません。嫁として、恋人として、夫として、妻として、**どんなに尽くしても、仕方なしにやっている関係に愛情は存在しないので**す。これは多くの方が経験していることではないでしょうか。

◎感謝を表す母親と、小言を繰り返す母親

少し想像してみましょう。

「そこまでやってくれなくていいですよ。もう十分。私たちが、しっかりと自分の力でやっていきます。本当にいつもお世話になってありがたいことです。

あなたのおかげで元気が出ました。勇気が湧きました。あなたの支えがあったから、私たちはこうやって元気でいられるのです。

私もいつか、あなたに恩返しをさせていただきたいと思うほどに元気になりました。こんなにしていただいて、私は本当に幸せです。心から感謝いたします」

と、これは大げさだとしても、母親からこのような感謝の言葉を聞く場合。

「まだ足りない、まだ足りない。あれはやったの、これはまだやってないの。どうしてやらないの。たったこれぐらいのこと、まだ終わってないの。私だったらもうとっくに終わっているわよ。そんなのできて当たり前でしょう。そんなことぐらい、誰だってやるわよ。こんなことぐらい、自分で気を利かせてやっておいてもいいことなのよ。どうせしなければならないんだったら、そんなふくれっ面でやるよりは、気持ちよくやったらどうなのよ。まったくあなたには、迷惑かけられるんだから」

などといった小言が母親から返ってくる場合。どちらが愛情を感じられるでしょうか。小言でかえされた場合だと、愛情がしぼんでいくのを感じませんか。もしかしたら、それでも中には「やってあげなきゃいけない」と思う人もいるでしょう。しかしそれは、義務感や罪悪感であって、愛情とは違うものです。

◎こうして我慢と小言は遺伝する

このような話をすると、

「小言で返されたからって愛情が薄れてしまうのは、薄情なのでは」

と言う人がいます。罪悪感に支配されて自責的にそう言う人もいれば、義務感に支配されて他責的にそう言う人もいます。

行動の表れ方としては真逆にみえる両者ですが、実は心の根っこに同じものを持っています。それは、「親を愛さなければいけない。親に逆らってはいけない」といったような他人の言葉に振り回される、他者中心的な考えです。

このような考えに支配されていれば、

「親が理不尽な態度をとったとしても我慢して、親に尽くさなければ」

という意識が強くなっていきます。その結果、

「我慢して親に尽くしているけれど、苦しい。つらい」

か、もしくは、

「親に尽くさなければいけないのに、ちゃんとできていない。私はダメな子どもだ」

のどちらか、あるいは両方の意識に苦しむようになるでしょう。

そして、そんな他者中心的な人が親になれば、同じ我慢を子どもに強いることになります。そうするべきだと思っているのですから当然といえば当然ですが、実は無意識のうちに、

「私はあんなに我慢して親に尽くしたのだから、私の子どもも我慢して私に尽くすべきだ」

という八つ当たりのような感情も隠れています。

そのうえ、「小言を言いながら尽くさせる親との関係」という問題を解決できていないので、親に尽くしたときのネガティブな感情を消化できないままでいます。本来、その感情は自分の親との問題を解決することで解消すべきものですが、「我慢して親に尽くさなければいけない」と思っているので、それはできま

せん。そのため、この感情は他の方法で発散されることになります。

その方法に、「尽くしてくれている子どもへの粗探しと小言」が選ばれることは、想像に難くないでしょう。

◎「ありがとう」って言ってみて

ひとり暮らしをしている、ある独身の娘の話です。彼女の母親は彼女が何かしてあげるたびに、

「悪いねえ、悪いねえ。いろいろとやってもらって、ほんとに、済まないねえ……」

と詫びるのが口癖です。彼女には、母親のそのねっとりとした声音や態度が、自分の背中に負ぶさってしがみついてくるように感じられて、苦痛でなりませんでした。

そうして黙って聞いていると、決まってその後に愚痴が始まります。

この日も、母親はいつものように、

「せっかく来てくれたのに、用事ばっかり頼んで悪かったねえ。ほんとに申し訳ないねえ、いつも、面倒かけてばっかりで。でももう、あなたしか頼る人がいないからねえ……。実はこの前も……」

と始まり、だんだん愚痴へと流れていく気配です。

しかしここで、娘は流れを変えようと決断しました。かわいそうで、苦労してきた母親を傷つけてはいけないという罪悪感を振り切って、こう言いました。

「ねえ、お母さん。悪かったねえ、済まないねえって言われても、私は全然嬉しくないんだ。済まないねえではなくて〝ありがとう〟って言ってくれないかなあ。

そのほうが私も、手伝えてよかったなと思うから。お母さんもそのほうが気分いいと思うよ。ほら、いま言ってみて」

◎母親が卑屈な人生から解放された瞬間

娘は母親にそう促しながらも、母親がすぐに「ありがとう」と言うとは思っていませんでした。ただ、彼女がそう言った刹那《せつな》、母親の表情が和んだのを、彼女は見逃しませんでした。

「ありがとう」

「済まないねえ、済まないねえ」

この両者の違いは、声に出して読んでみると、すぐにわかります。

「済まないねえ」がくせになっていると、人生そのものが「済まない」という卑屈な人生になっていきます。「済まないねえ」と言われるほうも、自分の誠意や善意が報われたとは感じないため、心地よくは聞こえません。

心から「ありがとう」と言うことができれば、その人の人生もまた「ありがとう」の人生になっていきます。その言葉は、自分の中に感謝の気持ちと幸せ感を呼び起こします。そして「ありがとう」と言われるほうも、嬉しいと感じます。

母親の表情が娘の目から和んだように見えたのは、母親が、これまでの卑屈な「済みません」人生から、ほんの少し解放された瞬間だったからではないでしょうか。

36 「しなければならない」と、サヨナラしよう

◎心のテリトリーを侵さない

私たちは、人として尊重されてしかるべき存在です。この尊重というのは、いわば心のテリトリー（領域）を侵さないということです。

無断で子どものアパートに入り込んでみたり、相手の都合も考えずに呼び出してみたり……。そんなふうに**相手の心に無遠慮に踏み込まない。乱暴に侵入しない。親子であってもそれを侵すことはタブーです。**相手のテリトリーに入るには、まず、お互いの同意や許可が必要なのです。

そんな心のテリトリーが確保できて、その安全性を侵されることはないという

安心感があってこそ、人は心を開けるものです。

ところが、自分の欲求や気持ちを大事にできていない人たちは、「私と相手」の境界線が見えていません。それが見えないために、自分のテリトリーを確保できないでいます。そしてその不満や不安を抱えたまま、「しなければならない」という義務感を持って生きているのです。

女性なら、嫁として、妻として、娘として、母親として……。

男性なら、家長として、夫として、息子として、父親として……。

「そうあるべき、すべき」と思い込んでいることが、たくさんあります。

「しなければならない」という思いが強いから、反対に、相手の自由を認めなかったり、相手の心のテリトリーを侵してでも、自分に従わせようとしてしまうのだと言えるでしょう。

◎相手に尽くして、相手を支配する

相手に尽くすという行為は、一見すると、相手を尊重している行為のように思えるかもしれません。けれどもそれは表面的なことで、無意識の視点から見ると、相手に尽くすことによって、**相手より優位に立つこと**が「目標」となっています。

そもそも、尽くす人と尽くされる人との関係は「依存関係」で成り立っています。尽くされる人が尽くす人に依存しているだけではなく、尽くす人の側も、自分ひとりでは寂しくて生きていけないと強く思っています。

そのために、自分の傍にいてくれる人を切に望みます。そのために「尽くす」という方法で、尽くされる人に依存しようとするのです。

相手が自分に依存してくれれば、自分が見捨てられることはありません。

そんな無意識の目標があるために、「尽くす」という方法で、尽くされる人を自分の掌中《しょうちゅう》におさめようとするのです。

なぜなら、尽くされる人が自立してしまえば、尽くす人のもとからは去っていってしまいます。少なくとも、尽くす人はそう信じています。

そのために、**尽くす人は、尽くされる人が自立しては困る**のです。

つまり、自分が我慢しながら相手に尽くすという行為は、同時に、相手の能力や自信を奪っていることにもなるのです。

「しなければならない」という義務感を持って相手に尽くしていれば、尽くした人は、自分の気持ちや欲求や感情を抑えるために、抑えただけの分量の不平不満を自分の中に抱え込むことになるでしょう。

けれどもそれは、尽くす人だけではありません。

尽くされる人も、自分の能力を奪われて、どんどん無力にされてしまったという憤懣《ふんまん》が残ります。尽くされる人は、何が起こっているのかわからない。けれども、奪われてしまったものを無意識に感じとり、〝なぜか怒りが込み上げてくる〟という場合も多いのではないでしょうか。

◎我慢の人生に大きな歓びはない

カウンセリングの際に、こうした親の側のあやまちを指摘すると、「俺だって、家族のために、一生懸命に我慢しながら働いているんだ」という思いから、父親が感情的になって怒るケースが少なくありません。それは、「しなければならない」という我慢の人生を生きてきて、無力な自分、挫《くじ》けそうな自分と必死になって戦っているからなのかもしれません。

「しなければならない」という意識で我慢している人は、結局、不満を抱きながら相手に尽くすことになります。この父親も、そんな気持ちで家庭に尽くしてきたのでしょう。

そこに、大きな歓びはありません。

父親に尽くされるほうの子どもたちにとっても、無意識のところで「優位に立ちたい」という、尽くす人の真の「目標」に気づいていて、尽くされれば尽くされるほど自信を喪失していきます。

その結果、相手に対して感謝というより、怒りや恨みが湧き上がるのかもしれません。

尽くす人と尽くされる人、両者ともに、心の中が歓びや満足感で満たされることは決してないのです。

◎「たったひとつの行為」が親子関係を崩壊させる

父親がどんなに子どものことを心配していても、子どものために努力して出世したとしても、我慢して尽くしてあげても、**相手の心のテリトリーに無断で踏み込んでいく**という、この「たったひとつの行為」によって、すべてが水泡《すいほう》に帰《き》するだけでなく、かえって悪い状況を引き起こす結果となるのです。

もしあなたがいま、自分自身を無力だと思い込んでいるとしたら、それは、親子関係がこんな**「尽くし、尽くされる」という依存関係**であったからなのかもしれません。こんなふうに改めて自分の人生を振り返ってみることは、これからの親子関係を築くうえで、非常に有益なことではないでしょうか。

37 母と娘で「心の自由」を認め合おう

◎「自分中心」に生きることの満足と歓び

「自分中心」に生きるか、「他者中心」に生きるか。その答えは、日常の小さなやりとりから始まっています。

これまで述べてきたように、〝相手〟によって満足を得ようとする「他者中心」の発想からスタートすると、お互いが、相手の人生に理不尽に介入していくことになります。それは両者が、ともに相手の手で食事をとろうとするようなものです。親子のように身近な関係であるほど、いたるところで不都合や障害が生じるでしょう。

ではここで、自分自身が自分のために行動する、という「自分中心」の発想からスタートするとどうでしょうか。

相手に協力するのは、〝私〟が相手を愛しているからです。

それは、「しなければならない」という強い思い込みや自縛からではなく、〝したい〟という自分自身の欲求からです。

そのため、協力することに満足と歓びがあります。

そこに満足と歓びがあるから、「感謝」が生まれるのです。

◎お互いを認め合う母娘の会話

たとえば、あなたは母親から、

「パソコンの操作がわからないから、教えてほしい」

と頼まれました。

このときあなたは、引き受ける自由もあれば、断る自由もあります。それはあなたの「気持ちや欲求や感情」次第です。断るとしても、100パーセント罪悪感なしに断る自由があります。

あなたは仕事で疲れていたので、

「いま帰ってきたばかりなので、1時間ぐらい休憩したいんだ。その後でいい？」

と丁寧に答えました。そんな言い方ができるのは、自分の気持ちを大事にすることを、あなた自身が心から認めているからです。

「いいわよ。助かるわ、ありがとうね」

と感謝の言葉が母親の口から自然に出るのは、母親もまた、子どもの自由を心から認めているからです。

◎相手にテリトリーを侵されない安心感

休憩した後に、パソコンと首っ引きで格闘している母親の姿を見て、あなた

は、

「お母さんって、歳をとっても、自分でパソコンをやろうとするから、すごいね」

と声をかけました。そうしたくなったのは、母親が自分の心のテリトリーに無断で侵入することはないという安心感があなたにあったからでした。

母親が、あなたに気づいて顔を上げました。

「ああ、疲れとれた? 無理しなくていいのよ」

と母親が言えるのは、協力してくれるという信頼感があるからです。

「うん、スッキリ!」

「よかったあ」

あなたは、無意識に**〝母親と時間を共有する〟という目的**を自覚しているので、他のことを考えず、母親と過ごす時間を大事にしようという気持ちになっています。

「どこがわからないの」

「ほら、ここ。ここが、どうしてもこうなってしまって進まないの」

「あ、ここね。これはこうするんだ」

「あ、なんだ、そうなのかあ。メモしておこう」

母親もあなたも、パソコンを通じて、２人で過ごす時間を大事にしていることを実感しています。だから、イライラすることはありません。

◎理想は「心の自由」を認め合う関係

「ウーン。でも、ここは難しいなあ」

しばらく操作してからあなたは、**これ以上やっていたら疲れてきて、苛立ってくるだろう**と自覚できました。そこで自分の気持ちを優先して、

「ここは、いまの私では知識不足だなあ。今晩はここまでにして、あとは、明日か明後日まで時間をくれない？　ちょっと調べてみるから」

と言いました。

「そうね、じゃあ、そうしてくれる？　手間かけるわね」

というふうに母親があなたの意見を受け入れたのは、娘に無理にやらせようとすると、自分自身が心の負担を覚えてしまうと、母親は知っていたからでした。

「ま、やってみないとわからないけど、たぶん大丈夫だと思う」

「そう言ってくれると心強いなあ。私の頭ではさっぱりだから」

そして、母親は安心した顔で、

「私も今日は、これで十分だから。助かったなあ。いつもありがとう」

これは、ごく普通の日常会話です。

けれども、こんな会話になるのは、たくさんの「自分中心」的な捉え方とそのスキルが土台となっているからです。そして、この一場面でこんなストレスのない会話ができるのだとしたら、他の多くの場面でもこんな会話ができることでしょう。

簡単にできそうにも思えますが、お互いに「私の心の自由」を認め合った関係

◉まず、「自分の気持ち」を優先してみよう◉

我慢して母親につき合わず、疲れたらまず休む。「自分中心」の行動が、結局は相手を尊重する結果につながる。

でないと、こんなふうにストレスを感じない会話にはなりません。

お互いが、お互いの領域を侵さない。そんな安心感があって、はじめてこんな会話が成り立つのです。

そして、お互いに自由を認め合っているからこそ、「私と相手」が一緒にいる時間、あるいは相手が自分に協力してくれることすべてに感謝の思いが湧いてきて、「ありがとう」と言いたくなるのです。

◎親と子どもが自立し、それぞれの人生を歩むために

親と子どもが、相手に協力したり、手伝ったり、手を差し伸べたりするその目的は、相手の人生を代わりに生きてあげることでも、その人の人生を支配することでもありません。

相手が自立して生きていけるようになるために、手を添えることだけです。親が子どもの代わりに歩いてあげることはできません。そしてまた、子どもが親の

人生の肩代わりをしてあげることも、できません。

そんなことは、聞くまでもない、と思うかもしれません。けれども、実際にいま、家庭でさまざまな問題が起こっているとしたら、この基本的なところができていないからだと言えるでしょう。

とりわけ親は、子どもの人生を肩代わりしてしまうような言動をとりがちです。けれどもその実は、親が子どもに、自分の人生の肩代わりをさせようとしていると言うこともできるのです。

こうした親と子の問題は、頭で理解できたからといって、心から納得できるとは限りません。また、それを心から納得できたとしても、経験という裏打ちがなければ、お互いを認め合う生き方は身につきません。

子どもが自分の人生のために学びたいと望んでいることがあるように、親、そして「親の親」もまた、自分の人生のために学びたいと望んでいることがあります。

それを避けて通ることはできません。自分の力で獲得していくものなのです。

あなたに自覚がなくても、あなたの無意識が、それを欲求しています。
そのために、あなたの目の前に家族がいるのです。

本書は、二〇一四年五月に学研パブリッシングより刊行された『母と娘の「しんどい関係」を見直す本』を改題し、大幅に加筆・修正したものである。

著者紹介

石原加受子（いしはら　かずこ）

心理カウンセラー。

「自分中心心理学」を提唱する心理相談研究所オールイズワン代表。

「思考・感情・五感・イメージ・呼吸・声」などをトータルにとらえた独自の心理学スタイルで、「性格改善、親子関係、対人関係、健康」に関するセミナー、グループ・ワーク、カウンセリング、講演等を行い、心が楽になる方法、自分の才能を活かす生き方を提案している。

日本カウンセリング学会会員、日本学校メンタルヘルス学会会員、日本ヒーリングリラクセーション協会元理事、厚生労働省認定「健康・生きがいづくり」アドバイザー。

著書に、『「あの人とうまく話せない」がなくなる本』（ＰＨＰ研究所）、『傷つくのが怖くなくなる本』『「どうして私ばっかり」と思ったとき読む本』（以上、ＰＨＰ文庫）、『「苦しい親子関係」から抜け出す方法』（あさ出版）などがある。

[オールイズワン]
東京都杉並区天沼3-1-11　ハイシティ荻窪１Ｆ
TEL：03-3393-4193
ホームページ：https://allisone-jp.com/

＊メールマガジン「楽に生きる！　石原加受子の『自分中心』心理学」も好評配信中

ＰＨＰ文庫　母と娘の「しんどい関係」を変える本

2019年12月13日　第１版第１刷

著　者	石　原　加　受　子
発行者	後　藤　淳　一
発行所	株式会社ＰＨＰ研究所
東京本部	〒135-8137　江東区豊洲5-6-52
	ＰＨＰ文庫出版部　☎03-3520-9617(編集)
	普及部　☎03-3520-9630(販売)
京都本部	〒601-8411　京都市南区西九条北ノ内町11
PHP INTERFACE	https://www.php.co.jp/
編集協力 組　版	株式会社PHPエディターズ・グループ
印刷所	株　式　会　社　光　邦
製本所	東京美術紙工協業組合

ISBN978-4-569-76980-6

PHP文庫好評既刊

傷つくのが怖くなくなる本

石原加受子 著

「嫌われたらどうしよう」「失敗するのが怖い」という恐れを手放し、「他者中心」から「自分中心」の考え方になって幸せに生きる方法。

定価 本体六八〇円（税別）